新NISAはこの9本から選びなさい

なかのアセットマネジメント代表
中野晴啓

ダイヤモンド社

※本書は『最新版　つみたてＮＩＳＡはこの９本から選びなさい』の内容を基に、新ＮＩＳＡに対応する形に大幅に加筆修正し、改題したものです。

プロローグ

「つみたてNISA」「新NISA」でお金に困らない人生を手に入れよう！

新型コロナウイルスの感染拡大と緊急事態宣言の発出、リモートワークの定着など、2020年以降、大勢の人にとって生活スタイルの見直しを余儀なくされる出来事が立て続けに起こりました。

その中で注目されたのが、資産形成に対する関心が高まったことです。2023年3月末時点でのつみたてNISA口座数は**図0-1**の通りです。NISA口座数のうち、つみたてNISA口座数が占める割合は、若年層ほど大きい傾向にあります。

このように、20代、30代、40代の人たちの間でつみたてNISAが非常に関心を持たれていることが分かります。

この勢いは、これからさらに加速していくでしょう。

図0-1 若い人たちの間でつみたてNISAの口座開設が急増

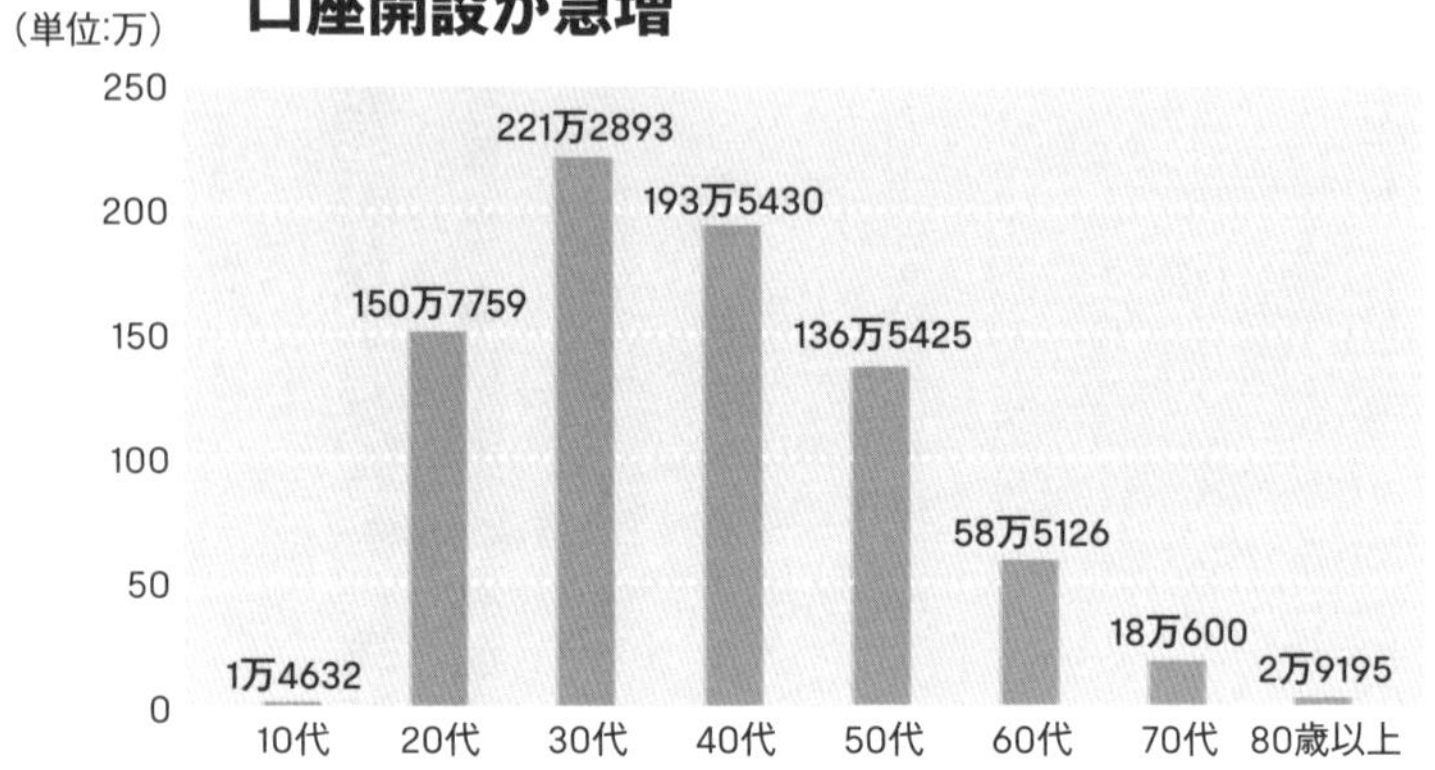

出典:金融庁「NISA・ジュニアNISA口座の利用状況に関する調査結果の公表について」(2023年3月末時点)

2022年12月に発表された「令和5年度自民党税制改正大綱」において、NISAの大幅な改定が盛り込まれたからです。

詳細は第2章で触れますが、この改正案は、これから資産形成を始めようと考えている人たちにとっては、非常に有利な内容になっています。なにしろ、これまで私たち資産運用関係者が待ち望んだ、口座開設期間の恒久化と非課税保有期間の無期限化が実現しただけでなく、つみたてNISAで最大800万円だった非課税枠が大幅に拡大され、1800万円まで認められるようになったからです。

これを本書では「新NISA」と称し

て説明していきます。

もちろん、まだ「ＮＩＳＡってなに？」「聞いたことはあるけど、よく分からない」という方も大勢いらっしゃると思います。

本書は、そういう方たちに**「新ＮＩＳＡ」の良さ、さらにその中でも長期の資産形成に最適な「つみたて投資枠」で投資信託（投信／ファンド）を購入する際の選び方、具体的な投資法**などについて伝授していきます。

２０２４年からスタートする「新ＮＩＳＡ」は、「つみたて投資枠」と「成長投資枠」の２つに分かれています。まずは、「つみたて投資枠」がどういうしくみなのかを、ここで簡単にご説明しましょう。

「つみたて投資枠」は、投資信託の積立投資を前提にした非課税制度のこと

「つみたて投資枠」とは、投資信託の積立投資を前提にした非課税制度のことです。

簡単にいえば、専用の口座で、金融庁が定めた一定のスクリーニング基準に基づいて選定した投資信託を積み立てた時に、値上がりして得られた利益には税金がかかり

ませんよ、というものです。

現在、投資信託や株は、利益に対して基本的に20・315%の税金が引かれていま す。10万円儲かったら2万315円、100万円だったら20万3150円ですが、「つみたて投資枠」ならその税金を支払わなくてもいいのです。

ただし、1年に利用できる額は最高で120万円までと決まっています。つまり、この金額いっぱいまで積み立てようとすると、月10万円×12カ月になります。

そして、「つみたて投資枠」に認められた生涯投資枠をすべて使い切って積み立てた場合、最終的には1800万円まで積み立てることができます。

では、これによって実際、どのくらい将来の資産に違いが生じてくるのでしょうか。年間120万円を積み立てた場合、1800万円の生涯投資枠を埋めるのにかかる年数は15年です。これを定期預金で積み立てた場合と、投資信託で積み立てた場合とで比較してみましょう。

定期預金で毎月10万円を15年間積み立てた場合は、現在の年0・002%の利率だと1800万2685円になります(年1回の複利計算)。

1800万2685円という金額を見て、「お、意外と貯《た》まるもんだな」と思った方もいらっしゃると思います。

けれども、毎月10万円を15年間積み立てた時の元本部分は、10万円×12カ月×15年ですから、1800万円。つまり、リターンはたったの2685円しかありません。2685円から税金20％を引かれてもあまり痛手ではないでしょう。

6％の平均リターンが得られた場合、15年後に利益は2900万円以上に！

しかし、次の利回りだとしたらどうでしょう。

もし投資信託で6％の平均リターンが得られた場合、15年後には最終的になんと2908万1871円にもなるのです（非課税計算）。

この利益を税率20・315％で計算すると、225万円以上（2908万円－1800万円＝1108万円の20・315％）もの税金が非課税になるのですから、いかに、この制度が大盤振る舞いであるかが、分かるのではないでしょうか。

いい投資信託を選べば、誰でもお金を増やせる！

現在の年0・001％という普通預金の低金利が当たり前の状況では、自分のお金が6％もの利回りで増えていく、というイメージはなかなか持てないかもしれません。

しかし、いい投資信託を選んで正しく行動していけば、それが実現できる可能性は十分あるのです。

もともと、投資信託というのは、大勢の個人から少しずつ資金を集めて、その資金で世界中のさまざまな資産に分散投資するというしくみです。

まとまったお金がない、また自分で運用する時間がないといった個人にとって、長期的な資産形成をするには、非常に適しているものなのです。

日本の投資信託には、個人の資産形成に貢献できる商品が少ない

日本では「危ない」「難しそう」「ふつうの人はできない」といった負のイメージが

つきまといがちな投資信託ですが、投資の先進国である米国で、個人が資産形成をするのに欠かせないのが、投資信託を用いた長期投資です。

たとえば1934年に設定された「アメリカン・ファンズ・インベストメント・カンパニー・オブ・アメリカ」（ICAファンド）という株式ファンドがあります。設定以来、戦争や不況、金融危機などを乗り越え、なんと87年を経て平均利回り（複利）は12・04％（2020年12月末現在）。毎月1万円ずつ積み立てを続けているだけで、現在は約334億円になっています。

この投資信託は、今も純資産総額が11兆円を超えるメガファンドです。これこそ、長期投資の王道だと思いませんか？

対して日本の投資信託は、なかなか個人の資産形成に貢献できる商品が少ないというのが、私の正直な感想です。

実際、日本の投資信託は過去において、販売金融機関の手数料稼ぎの道具として、もっぱら短期間に回転売買（投資家に何度も売買させること）されてきたという歴史があります。

「投資信託ではまともな資産形成ができない」と考える人が多いのは、こうした過去の悪いイメージが今も根強く残っているからです。

２０１８年に登場したつみたてＮＩＳＡは、こうした今までの投資信託のイメージに一石を投じる制度だったといってもいいでしょう。

詳しくは本編で説明しますが、２０１４年に始まった一般ＮＩＳＡとは違い、つみたてＮＩＳＡで買い付けられるのは投資信託、それも金融庁が「長期の資産形成にふさわしい」条件を満たすと考える投資信託のみに限定されているからです。

株式はもちろんのこと、投資信託でも短期売買向きと思われるものは、つみたてＮＩＳＡの対象になれません。

それだけ金融庁はつみたてＮＩＳＡを、長期的な個人の資産形成に寄与できる制度に育てていきたいと考えていました。そして、２０２４年から装いも新たにスタートするのが、新ＮＩＳＡであり、そのなかでつみたてＮＩＳＡを引き継ぐつみたて投資枠には、注目が集まっているのです。

約6000本ある投資信託の中で「つみたて投資枠」で買えるのは246本

前述したように、「つみたてNISA」と「つみたて投資枠」で購入できるのは、投資信託だけです。しかも金融庁が定めたスクリーニング基準で選定された、長期的な資産形成に適すると思われる投資信託に限定されています。その数は、2023年7月31日時点で246本です（**図0-2**）。同年7月末時点の、国内で設定・運用されている投資信託の本数が全部で5914本ですから、大幅に絞り込まれています。

これは逆の見方をすると、資産作りに向いている投資信託は、たったの246本しかないと金融庁が見なしているということもできます。

投資信託というのは「器」です。中身をどんな構成にするかで、性格がかなり違ってきます。サッカーのチームが選手構成によって攻撃的なサッカーをするのか、守備的になるのか、というのと同様に、中身が日本株で構成されているものや米国や欧州などの先進国の株だけのもの、新興国だけのものなど、構成する銘柄で値動きも全く違ってきます。エリアの違いだけでなく、債券や、不動産といった投資対象も混ざっ

図 0-2　つみたてNISA対象商品の内訳（単位：本）

	インデックス投信	アクティブ投信	ETF
国内	46	7	3
海外	161	24	5
合計	207	31	8

出典：金融庁「つみたてNISA対象商品届出一覧」（2023年7月31日時点）より作成

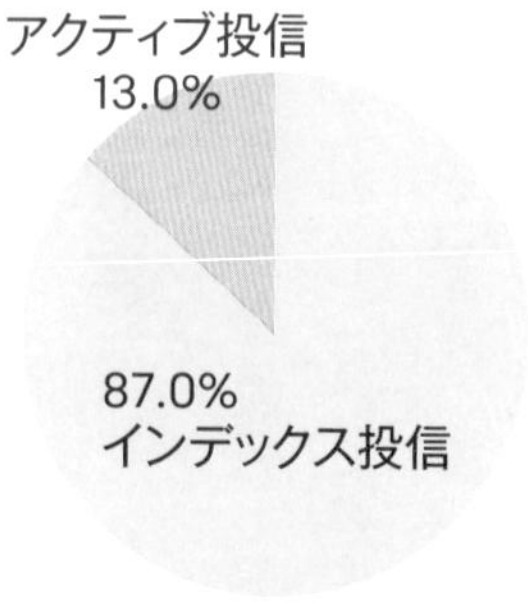

インデックス投信が
8割以上を占めている

インデックス投信とは

「市場の指数」に合わせた運用を行う投資信託のこと。日本株であれば、日経平均株価やTOPIXに連動するもの

アクティブ投信とは

ファンドマネジャーが、独自の理念で運用する投資信託。市場の指数とは関係なく、独自の視点で選んだ株などで構成

ETFとは

Exchange Traded Fundsの略で、「上場投資信託」のこと

インデックス投信、アクティブ投信の詳しい説明は142ページへ

て構成されているものもあります。

ですから、種類も千差万別、いろいろな特徴がある投資信託を選ぶのは、とても難しいと感じることでしょう。でも、大丈夫です。将来に向けて少額から購入できて、「資産作り」ができる良い投資信託を選ぼうとすると、ぐっと数が減るからです。

つみたてNISA、新NISAで購入していい投資信託は、ズバリ9本

つみたてNISAで購入できる投資信託は、資産作りに向いているものという設定です。しかし、この246本の中で私が個人的に買ってもいいと思ったものは、たった9本しかありませんでした。

ちなみに、私が以前出した『最新版 投資信託はこの9本から選びなさい』(ダイヤモンド社)という本は、数ある投資信託の中から、購入時に手数料がかからないものや、全世界へ投資しているものなど、一定の条件でスクリーニングをしたところ、資産作りに向く投資信託は9本しかなかったという内容でした。

私の主張は、今でもほとんど変わっていません。もちろん、このつみたて投資枠で

購入できる、金融庁が定めたスクリーニング基準を満たした投資信託は、私が主張している「**低コスト**」で「**長期投資ができるもの**」といった条件を満たしています。

しかし、この246本全部が長期資産形成に役立つ投資信託なのか、と問われると首を傾《かし》げざるを得ません。

つみたて投資枠対象の投資信託の内訳は大きく3つに分かれます。「指定インデックス投資信託」は207本、「指定インデックス投資信託以外の投資信託（アクティブ運用投資信託）」が31本、そして「上場株式投資信託（ETF）」が8本です。

圧倒的に、インデックス投資信託の本数が多いことに気づかれたと思います。

金融庁が設定をゆるめた途端に、本数が増加

実は、つみたてNISAがスタートする前、日本証券アナリスト協会が2017年4月にセミナーを開催した時のこと。

森信親金融庁長官（当時）は講演で、つみたてNISAの対象になりうる投資信託について、「アクティブ型株式投資信託で5本、インデックス型株式投資信託で50本

弱」と述べました。つみたてＮＩＳＡの対象としてふさわしいと思われる投資信託の本数は、当時６０００本以上あった投資信託の中でたったそれだけだったのです。

それが、なぜ指定インデックス投資信託の本数が50本弱から１０３本（２０１８年スタート時）にまで増えたのでしょうか。それは、金融庁がつみたてＮＩＳＡの対象となる投資信託の選定基準をゆるめたからです。

実際のところ金融庁としても当初、まさかつみたてＮＩＳＡの対象となりうる資産作りに適した投資信託の本数が、ここまで少ないとは思ってもみなかったようです。

しかも、その事前調査で、大手証券会社の系列の投資信託会社が運用している投資信託が、ほとんど入ってこなかったことにも驚愕したのでしょう。

そこで、インデックス型に関しては、一定の条件を満たしてさえいれば、過去の実績が全くない「新しく作った投資信託」を認めることにしたのです。

それを受けて、各投資信託会社はインデックスファンドを中心に、つみたてＮＩＳＡ用の投資信託を次々に新規設定しました。その結果、現在は２０７本になりました（２０２３年7月31日時点）。

ちなみにアクティブ型の投資信託に関しては、運用が開始されてから5年以上が経過していること、信託期間中3分の2以上で資金流入超であることなど、私が『最新版 投資信託はこの9本から選びなさい』でも述べているような条件が基準だったことから、その本数は現在でも31本に留まっています。

おそらく、今後もインデックス型投資信託を中心にして、つみたてNISA用の投資信託はどんどん増えていくのだと思います。何となくつみたてNISAの最初の志が歪められた感もあるのですが、一度ゆるめた基準を、また厳しくするのはなかなか難しいことだと思いますから、このまま本数が増えていくのは必定でしょう。

問題は、つみたてNISA、新NISAを始めてみたいという個人の間で、「何を選べばいいのか分からない」という声が高まっていることです。

これはiDeCo(個人型確定拠出年金)でも同じ問題があったのですが、いざ始めてみようと思っても、選択肢が多すぎて、何に投資すれば良いのか分からなくなってしまうのです。すると、結果的に何も動けなくなる……というジレンマに陥ってしまいます。

しくみを作って、長期間、コツコツ愚直に積立投資を続けよう

よく、「商品の数は多いほど良い。なぜなら、選択の自由度が高まるからだ」という意見も聞きますが、決してそうではありません。もちろん、全員が目利きであればそれでもいいのですが、本書を手にして読んでくださっている方の大半はそこまでの選択眼を持ち合わせていないと思います。

だからこそ、本書を活用してもらいたいのです。

本書ではズバリ、**これから「新NISA」のつみたて投資枠を活用して資産形成を始めるにあたって、どういう観点から投資信託を選べば良いのかという基準を示します。それと同時に、あくまでもひとつの参考ではありますが、私がベストと考える基準に沿って選ぶとこういう投資信託が候補になります**、ということを示してあります。

あとはしくみを作って、長期間、コツコツと愚直に積立投資を続けるだけです。それほど深く考える必要はありません。悩む必要もありません。特別な何かをする必要

は全くないのです。

月3万円でも、5万円でも、積立投資に回すのは、結構大変かもしれません。

しかし、途中で諦めずに続ければ、お金に困ることのない「100年人生」を送るうえで、必要にして十分な資産形成を実現できるはずです。

2023年10月

なかのアセットマネジメント　代表　中野晴啓

Contents

プロローグ

「つみたてNISA」「新NISA」でお金に困らない人生を手に入れよう！…… 003
「つみたて投資枠」は、投資信託の積立投資を前提にした非課税制度のこと …… 005
6%の平均リターンが得られた場合、15年後に利益は2900万円以上に！…… 007
いい投資信託を選べば、誰でもお金を増やせる！…… 008
日本の投資信託には、個人の資産形成に貢献できる商品が少ない …… 008
約6000本ある投資信託の中で「つみたて投資枠」で買えるのは246本 …… 011
つみたてNISA、新NISAで購入していい投資信託は、ズバリ9本 …… 013
金融庁が設定をゆるめた途端に、本数が増加 …… 014
しくみを作って、長期間、コツコツ愚直に積立投資を続けよう …… 017

第1章 どうしたら「お金に困らない人生」を手に入れられるのか

若い世代でも、投資を始める人が増えている！…… 028
日本人の平均寿命は男女ともに80歳以上、老後資金をどうするか？…… 032

どんな世代でも、ずっと投資を続けたほうが安心できる …… 035
インフレに打ち勝つためにも「投資」をしておいたほうが安心 …… 037
長期投資することで、生活が豊かになる …… 042
世界の人口が増え、経済が成長する限り、長期投資は負けない …… 046
人口が増加する＝経済成長が見込める …… 048
世界株式への分散投資は17年間の平均で年7％のリターン …… 050
少額から簡単に全世界へ投資、安心を手に入れる …… 056
個人の資産作りに投資信託が向いている2つの理由 …… 059
Column なぜ、日本人は「短期、一括、集中」という投資をしてしまうのか？ …… 063

第2章 おトクな制度の中で 新NISAが最強の理由

まず2014年に「一般NISA」が始まった …… 070
2024年から「新NISA」が始まる …… 072
2023年中に始めたNISAは無駄にならない …… 074

新NISAのしくみ（その1）～口座開設期間の恒久化と非課税保有期間の無期限化 …… 076
新NISAのしくみ（その2）～つみたて投資枠と成長投資枠 …… 080
どちらの枠をメインに考えるべきなのか …… 086
口座開設期間の恒久化と非課税保有期間の無期限化で考えるべき長期投資の効果 …… 090
新NISAの6つの注意点 …… 100
「新NISA」の課題 …… 107
Column こんな投資信託は買ってはいけない！①「テーマ型ファンド」 …… 109

第3章 新NISAを始める前に知っておきたい「投資信託」の「裏知識」

「新NISA」を始める前に「投資信託」のしくみを理解しよう …… 114
「販売金融機関」とは、投資信託を販売している証券会社や銀行のこと …… 116
投資信託を作り、運用する「投信運用会社」 …… 117
実際に資産の管理や保管、売買などを行う「信託銀行」 …… 119
「購入時手数料」とは、投信を買う時に支払うもの …… 120
購入者には一見分からない「代行手数料」 …… 123

長期投資向きの投信が日本で育たないのは、販売金融機関の力が強すぎるから …… 125
持っている限りずっと支払い続ける「運用管理費用」 …… 127
運用管理費用の高さと成績の良さは、全く関係がない …… 128
長期投資をするならば、運用管理費用率の差が成績に直結する！ …… 132
「信託財産留保額」はコストであってコストではない …… 135
つみたて投資枠の対象ファンドのコストはどうなのか？ …… 138
インターネット証券に口座を作る …… 141
インデックス運用 vs アクティブ運用 …… 142
ファンド・オブ・ファンズとは何か？ …… 147
ファンド・オブ・ファンズの注意点 …… 150
重要なのは、きちんと「ファンドの入れ替え」をしているか …… 152
Column こんな投資信託は買ってはいけない！② 「毎月分配型ファンド」 …… 155

第4章

誰も教えてくれなかった！本当にいい投資信託を選ぶ時に大事なこと

買いたいものを決めてから、どこで購入するかを決める …… 160
投資先は「国際分散」を選ぶ …… 164
国際分散投資の分け方の基準には大きく2つある …… 166
全世界へ投資するなら、為替ヘッジは不要 …… 168
「人気ランキング」「運用成績ランキング」は全く当てにならない …… 172
つみたて投資枠で買うなら1本だけ …… 176
つみたて投資枠の中で買ってもいいファンドは9本だけ …… 178
つみたて投資枠以外でも使える選択基準 …… 188

紹介ファンド1
日本、先進国、新興国の株式と債券へバランス良く投資するファンド …… 196
世界経済インデックスファンド（三井住友トラスト・アセットマネジメント）

紹介ファンド2
株式への投資比率は制限なしの「積極型」 …… 198
のむラップ・ファンド（積極型）（野村アセットマネジメント）

紹介ファンド3
バンガードが運用するインデックスファンドを通じて、幅広い資産クラスに分散投資する …… 200
LOSA長期保有型国際分散インデックスファンド（PayPayアセットマネジメント）

紹介ファンド4
先進国、日本、新興国の3つの株式型インデックスファンドに分散投資する……202
全世界株式インデックス・ファンド（ステート・ストリート・グローバル・アドバイザーズ）

紹介ファンド5
全世界株式が対象。米国バンガードのETFに投資する……204
楽天・全世界株式インデックス・ファンド（楽天投信投資顧問）

紹介ファンド6
米国株式市場を中心にしてグローバル運用を行う……206
SBI・全世界株式インデックス・ファンド（SBIアセットマネジメント）

紹介ファンド7
驚くほど安いコストが魅力。高い株式投資比率で世界経済の成長を確保する……208
eMAXIS Slim全世界株式（オール・カントリー）（三菱UFJアセットマネジメント）

年代別おすすめの積立投資法とは？……210
——資産の増え方をシミュレーションしてみよう

Column こんな投資信託は買ってはいけない！③「ブルベアファンド」……215

第5章 投資信託、新NISAについて本当に知りたいこと

Q1 株、FX、仮想通貨などと同じように、投資信託も難しそうで、怪しそうな気がしてしまいます。どのように考えたらいいですか？……220
Q2 お得な制度がいろいろあるようで、何を選べばいいのか分かりません。……224
Q3 証券会社、銀行、郵便局、どこで買えばいいのでしょうか？……228
Q4 今はお金がないので、もう少し余裕ができてから投資を始めてはダメですか？……229
Q5 新NISAは途中で換金や減額、違う投資信託への乗り換えなどは認められますか？……232
Q6 投資信託の運用が止まった場合、どうなりますか？……234
Q7 本当にほったらかしでいいのでしょうか？……235
Q8 もう50代なのですが、今から積立投資を始めてももう遅いですか？……236
Q9 何十年も続ける自信がありません。「長期投資」とは何年くらいを指すのでしょうか？……239

Q10 新NISAはつみたて投資枠と成長投資枠の2つがあるようですが、積立投資だけで1800万円全額を保有することもできるのですか？……243
Q11 つみたてNISA口座を持っている人は、同じ証券会社で継続する場合には、2024年からは自動的に新NISA口座に移管されるようですが、その場合、月々の投資金額も自動的に継続となるのでしょうか？……245
Q12 すでにつみたてNISAをやっている人が、2024年から月々の投資金額を変更したい場合には、どうすればいいのでしょうか？……246
Q13 新NISAの非課税投資枠は1800万円（年間360万円）ですが、もしお金に余裕のある場合には、毎月30万円×12カ月×5年＝1800万円というやり方で、最速で非課税保有限度額を満たすのがベストでしょうか？……247
エピローグ　選ぶ基準が分からないのに、選択肢が多いのは迷ってしまうだけ……250

第1章

どうしたら「お金に困らない人生」を手に入れられるのか

若い世代でも、投資を始める人が増えている！

最近は、20代、30代の人たちも、自分の老後を強く意識して、貯蓄に励んでいらっしゃる方が増えてきています。私は長期投資の良さを少しでも多くの方に知っていただくため、日本全国で勉強会や講演会を行っています。

今はコロナ禍の影響からオンライン講演も多くなりましたが、前職のセゾン投信時代に北は北海道から、南は沖縄まで何度も足を運びました。そこに集まってくださる方々とお話ししていると、将来に不安を抱いている人が多いように思えます。その原因は、お金の問題だったりもします。

でも、将来への備えとしての蓄えも、現状ではほとんどなされていない。定年まで働けたとしても、老後の生活を十分にカバーできるだけの資産も築けていない。しかも、昨今では「人生１００年時代」などと言うように、長生きになったのは結構だけれども、経済的な準備をきちんとしないと人生終盤においてお金に苦労するという、想像したくもない現実を突きつけられています。

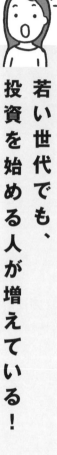

では、どうしたらいいのでしょうか。その不安を解消するために、私はお金を増やすための手段として、「長期投資」を、ぜひおすすめしたいと思います。

世界の株式へ分散投資した場合、期待リターンは6%前後ある

長期投資のいいところは、なんといっても一度にまとまった資金がない人でも積み立てで参加できること。長い時間をかけて、そのお金に働いてもらうイメージです。月々、少しずつ市場にお金を投資していき、長い時間をかけてそのリターンを得るのです。リターンは、今の日本の定期預金に見られる年0・002%といったような超低金利をイメージしてはいけません。私は、リーマン・ショックのような大暴落局面を含めても平均的に想定できる期待リターンは、世界の株式へ分散投資した場合、2006年~2022年通期の年平均リターンが7%（52~53ページ、**図1-7**参照）であったことからも、**保守的に見積もって6%前後はある**と思っています。

このリターンは非常に大切で、たとえば100万円を30年預けた場合、金利が0・002%であれば、複利でも30年後の受け取りは税金抜きで、たった100万600

円にしかなりません。しかし、これが6％のリターンだとすれば30年後には１００万円が５７４万３４９１円と約５・7倍にも育つのです。

ですから私が提案したいのは、この「長期投資」を行うことで、**今貯金が少なくても、親が資産家でなくても、将来、自分の力でお金に困らない人生を手に入れませんか、**ということです。

将来への不安や見通しが立たない状態の中で、利息もつかない預貯金にお金を預けっぱなしにしていたら、いつまで経ってもお金の不安から逃れることはできません。そのような不安を解消し、**人間にとって一番大事な「時間」という資産を最大限に活かすには、長期投資しかありません。**

そして、この投資をおそるおそる始めてみようという人たちを後押しする制度が、２０２４年1月からスタートする、「新ＮＩＳＡ」のつみたて投資枠です。この制度の前身となるつみたてＮＩＳＡは、２０２３年3月末時点で７８３万１０６０口座になったと発表されました。しかも、20代、30代の割合が全体の47・6％（２０２３年3月末）と高いのが特徴です（**図1・1**）。

ちなみに、この「つみたてＮＩＳＡ」に対して、２０１４年1月からすでにスター

図1-1　つみたてNISAは若い世代に支持されている制度

		10代	20代	30代	40代	50代	60代	70代	80歳以上	合計
つみたてNISA	口座数	1万4632口座	150万7759口座	221万2893口座	193万5430口座	136万5425口座	58万5126口座	18万600口座	2万9195口座	783万1060口座
	割合	0.20%	19.30%	28.30%	24.70%	17.40%	7.50%	2.30%	0.40%	100%
NISA	口座数	4万8679口座	41万5209口座	105万2844口座	159万3331口座	197万1123口座	226万3233口座	230万4646口座	125万5195口座	1090万4260口座
	割合	0.40%	3.80%	9.70%	14.60%	18.10%	20.80%	21.10%	11.50%	100%

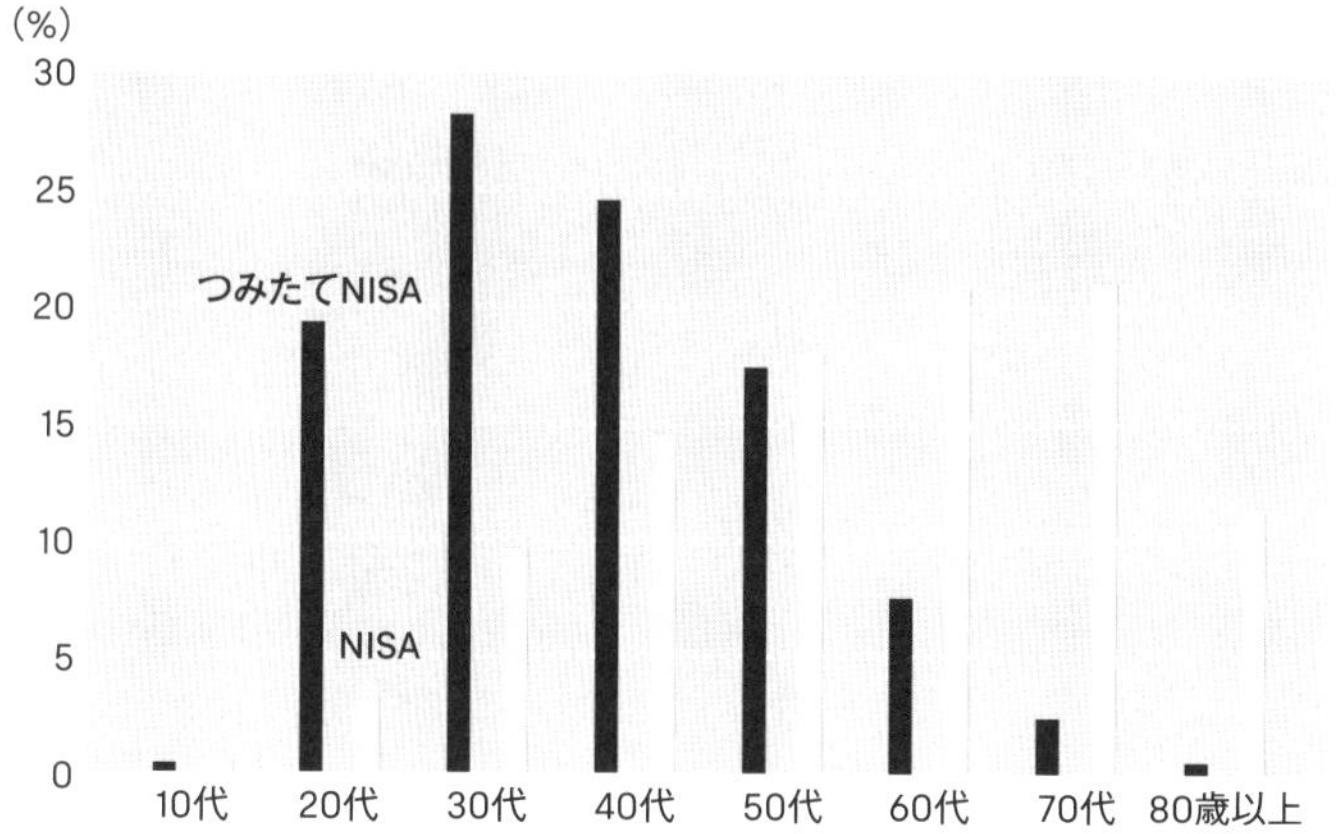

出典：金融庁「NISA・ジュニアNISA口座の利用状況調査」（2023年3月末時点）

トしている一般ＮＩＳＡの20代、30代の割合は全体で13・5％と、つみたてＮＩＳＡの半分にも満たないのです。逆に60代以上の割合が53・4％となっています。つみたてＮＩＳＡは若い世代に支持されている制度なのです。

日本人の平均寿命は男女ともに80歳以上、老後資金をどうするか？

何といっても、日本人は長生きです。厚生労働省の『令和４年簡易生命表』（２０２３年7月発表）によると、日本人の平均寿命は、女性が87・０９歳で世界第1位、男性が81・０５歳で世界第４位ですから立派な長寿国です。

もし男性が平均寿命である81・０５歳まで生きたとすると、仮に60歳で定年になってから21年も生きることになります。女性では27年間です。また寿命は長生きするほど先に延びるもので、平均余命で考えれば、70歳の場合、男性で85・５６歳、女性はなんと89・８９歳まで生きると統計にも出ています（**図1-2**）。

仮に60歳で定年を迎えたところで働くのをやめたとしたら、男性でも23年以上とい

図1-2 平均余命でみると、今の70歳は男性でも85歳まで生きる!

年齢	男性の平均余命	何歳まで生きるか?	女性の平均余命	何歳まで生きるか?
25歳	56.53年	81.53歳	62.48年	87.48歳
30歳	51.66年	81.66歳	57.56年	87.56歳
35歳	46.80年	81.8歳	52.65年	87.65歳
40歳	41.97年	81.97歳	47.77年	87.77歳
45歳	37.20年	82.2歳	42.93年	87.93歳
50歳	32.51年	82.51歳	38.16年	88.16歳
55歳	27.97年	82.97歳	33.46年	88.46歳
60歳	23.59年	83.59歳	28.84年	88.84歳
65歳	19.44年	84.44歳	24.3年	89.3歳
70歳	15.56年	85.56歳	19.89年	89.89歳
75歳	12.04年	87.04歳	15.67年	90.67歳
80歳	8.89年	88.89歳	11.74年	91.74歳
85歳	6.20年	91.2歳	8.28年	93.28歳
90歳	4.14年	94.14歳	5.47年	95.47歳

出典:厚生労働省『令和4年簡易生命表』より作成

う長い期間、２カ月に一度の割合で振り込まれる年金と、現役時代に貯めてきた貯蓄を取り崩しながら生活していくことになります。

月々の収入は公的年金でカバーできるという意見もありますが、すべての人が満足のいく年金額を受け取れるわけではありません。公務員などは一般的に年金が充実していると言われます。

しかし、自営業者のように国民年金にしか加入していない人の場合は、受け取れる年金の額もたかが知れています。今の国民年金基金に加入したとしても、受給できる年金額が大幅に増えるわけではありません。もっと言えば、今はどうにか支給できている厚生年金も、高齢社会の進展で年金財政が厳しくなっていきますから、現在30代、40代の人は、手厚い年金を受給できる保証がどこにもないのです。

かといって、現役時代にどのくらい貯蓄できるでしょうか。公的年金に頼れないということになれば、そのまま働き続けるか、もしくは十分なキャッシュフローがある現役時代に、できるだけ多く貯蓄しておく必要があります。

ただ、それは誰にでも可能とは限りません。定年後にも働くとはいっても現役時代に燃え尽きてしまい、もうこれ以上働きたくないという方もいらっしゃるでしょうし、働きたくてもなかなか再就職先が見つからないという方もいらっしゃると思います。そうなると、やはり現役時代にどのくらい、将来に向けて財産作りができたのかということが、定年後の生活水準を大きく左右することになります。

どんな世代でも、ずっと投資を続けたほうが安心できる

老後のお金の考え方のポイントは、貯蓄を取り崩していけば、いつかゼロになるということです。

もし、自分が70代後半、80代になったところで貯蓄が底を突いたら、大変なことになります。そこから働こうと思っても体力的に厳しいでしょうし、よほどの特殊技術や特殊能力がない限り、雇ってくれるところは限定されるでしょう。

だからこそ、現役時代からの準備が必要になるということですが、ひとつ忘れてはならない視点があります。

それは、現役を退いた後もお金を運用し続けるという発想です。まさに、ここに長期投資の真髄があるといってもいいでしょう。よく、「定年になったらリスクを極力避け、それまでに作った資産は預貯金などの安定資産で運用するのが理想」と言われますが、私が考えるに、これは明らかな間違いです。

確かに一昔前であれば、そのような理屈も通ったと思います。高度経済成長期の日本経済は、どんどん右肩上がりで上昇したため物価も上昇、それにともなって金利もそれなりに高い水準にありました。郵便局の定期預金では年7％程度の利回りを得ることができた時もあり、資産のすべてを預貯金に放り込んでおいても、しっかりと利息がついていて、お金が増えていったのです。

でも、これからの時代、それと同じことが通用するとは思えません。日本はすでに少子高齢社会に突入しており、人口も2005年以降は自然減少へと転じました。人口が減少傾向をたどるということは、高い経済成長も期待できないということになります。

経済が成長しなければ、国内における資金需要も高まりませんから、金利は低いままになります。つまり、預貯金だけではお金が増えないという状態が続く恐れが大きいのです。したがって、預貯金に預けっぱなしにしておくのではなく、自分で優良な投資対象を探し、そこに資金を投じる必要があるのです。

インフレに打ち勝つためにも「投資」をしておいたほうが安心

他の外部環境を見ても、やはり資産運用が重要になっていくと思います。それは20年後、30年後の日本がどうなっているのかを予想すると、さまざまなリスク要因が浮上する恐れがあるからです。

たとえば公的年金などの各種社会保障が現状を維持できるとは、とても思えません。もちろん、医療費負担も今以上に重くなっていくはずです。今後は、より重い社会的負担を強いられることになるはずです。

また２０２２年に入ってからは、世界的にインフレムードが強まりました。

新型コロナウイルスの感染拡大で、世界中の主要国はロックダウンなどによって経済活動の停止を強いられました。その後、ワクチンが行き渡ることで徐々に正常化に向けて動き出した結果、需要が増大し、その一方で人手不足や半導体不足など深刻な供給不足に陥っており、モノの値段が上昇したのです。

加えて、２０２２年2月に勃発したロシアのウクライナ侵攻も、資源・エネルギー価格の急騰を引き起こしており、その影響は現在も続いています。こうした外部要因によるインフレが、30年近くにわたってデフレを続けてきた日本の物価にも影響を及ぼしています。事実、企業間で取引されるモノの値段を示した企業物価指数は10％近い上昇率になり、消費者物価指数も３％前後の上昇を続けています。

インフレとは、モノの値段が上がっていくことです。モノの値段が上昇すれば、相対的にお金の価値は下がります。今まで１００円で買えていたモノの値段が２００円になったら、千円札1枚で買えるモノの数は半減します。それだけお金の価値が下がったということになります。このリスクを避けるためには、インフレに強い資産を自分の資産の一部に組み入れなければなりません。

インフレに強い資産というと、株式を筆頭にして、金・不動産なども該当します。急激にインフレが加速する可能性は、今のところそれほど高くはありませんが、世界の趨勢《すうせい》を見れば、やがて日本にも伝播《でんぱ》することになる可能性を見ておくべきで、インフレによってお金の価値が目減りするリスクを回避するためにも、資産運用が必要になります（**図1-3**）。

図1-3 インフレが来る場合に備えて「資産運用」をしよう!

今後、考えられるインフレの要因

政府の方針 ➡ デフレからの脱却を目指している

日本の財政赤字 ➡ 円が売られて円安になる可能性がある

超高齢社会 ➡ 社会保障費の負担が重くなり、物価上昇圧力が高まる

株や金はインフレ時に強い

インフレに強い	デフレに強い
株 金 不動産 など	現金

**現金だけしか持っていないと、
デフレの時はいいが、
インフレ時には資産が減ってしまう**

さらに、日本の財政赤字は、世界的に見ても最悪の水準にあります。現状では、日本国債を大量に発行しても日本国内で十分、資金調達ができているので、日本国債の信用力が悪化する懸念は少ないです。

しかし、このままいけば、どこかの段階で必ず限界が訪れます。日本国債の信用力が低下して円が売り込まれる状態、つまり円安になったら、海外から輸入しているモノの、円に換算した価格は値上がりします。これは、長期衰退インフレです。

こうした社会保障費の負担増、あるいは円安といった外部要因によるインフレ懸念などのリスクが、近い将来襲いかかってくる可能性があります。

それを考えると、**預貯金だけで資産運用をするのは、むしろリスクを高める結果になりかねません。**やはり、国内外のさまざまな資産に分散投資することによって、こうしたリスクから資産を守る必要があります。

50代、60代になったら、リスク資産での運用比率をゼロにして、預貯金で安定運用するというのは、もはや過去の常識といってもいいでしょう。これからは一生、資産運用するつもりで、長期投資を考えていく必要があります。

そして、運用さえ続けておけば、ある時点から公的年金の受給金額が減少したとし

図1-4　毎月1万円の積み立てでも、長期間なら複利で大きく増える！

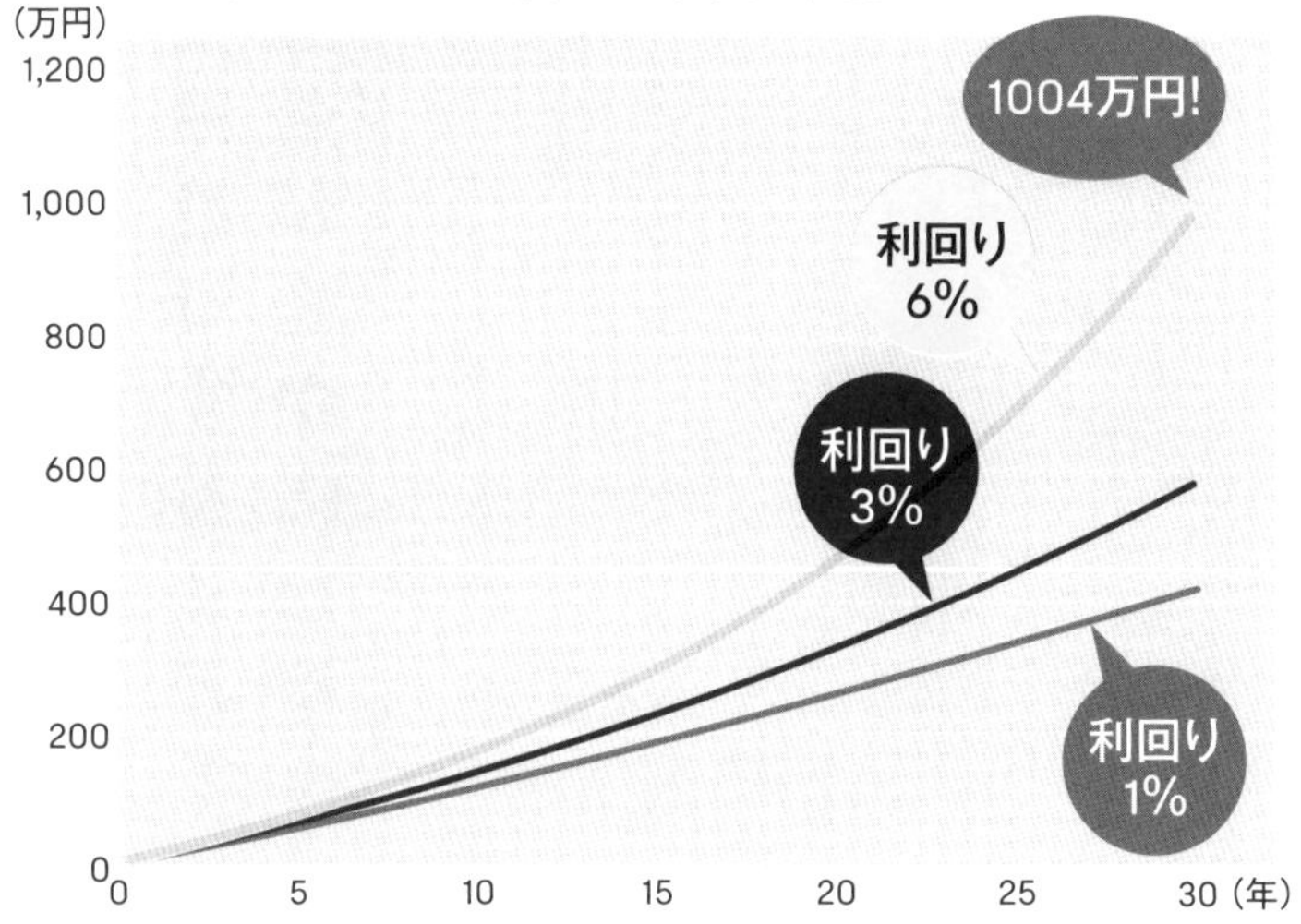

ても、さほど心配する必要はありません。それまでの運用益によって、公的年金の目減り分を、十分にカバーすることができるからです。50歳から始めても80歳までは30年もあります。毎月1万円ずつ積み立てをしていけば6％の運用で30年後には約1004万円に増えるのです（**図1-4**）。

「人生100年時代」と言われていますが、長生きしていくうえでは、お金が大切になってきます。その大切なお金をどうやって運用するべきか。どの世代でもそれを今、改めて真剣に考えていく必要性が高まってきています。

長期投資することで、生活が豊かになる

長期投資のイメージを簡単に言うと、「実体経済にお金を働きに出す」ということです。実体経済とは、私たちの日常生活そのものといっても過言ではありません。朝起きて、顔を洗う。テレビをつける。ネットを見る。スーツに着替えて会社に出かける。これらすべての行動は、経済活動そのものと言ってもいいでしょう。顔を洗えば水道料金が発生しますし、電気代やネット料金だって、毎月払っているでしょう。もちろん、会社に着ていくスーツは自分で買ったものでしょうし、会社に行くまでの交通機関に乗るにもお金がかかります。

つまり、人間にとっては息をすること以外、ほとんどの物事が経済活動そのものと言ってもいいかもしれません。

したがって、日本経済とは日本に住んでいる人、一人ひとりが日常生活を送るうえで行っているさまざまな経済活動を、1億2330万人分集積したものということになります。世界経済という規模で言えば、80億4500万人の人々の経済活動の集積です。その中にお金を投入することによって、少しでも皆に豊かになってもらい、少しずつ笑顔が増え喜びが高まっていく。そういうことに対して、自分のお金を働きに出すというのが、「本物の投資」です。ただし本物の投資には、時間がとても重要な意味を持ってきます。

実体経済にお金を働きに出すといっても、働く期間が3日間、あるいは1週間というのでは、なかなかそこで生活している人たちの笑顔を作ることはできません。かなり長い時間をかけて、しっかり地道に働いてもらうことが大切です。

投資により、企業、社会、個人の皆が幸せになれる

たとえば、あなたが直接投資、または投資信託などを通じて提供した1万円がアップルの株式を買う原資になったとしましょう。その1万円は、アップルが、iPhoneなどの新製品を開発するための開発費の一部になるかもしれません。新製品や新

技術を開発するためには、それこそ10年単位の時間が必要ですから、短い期間で資金を引き揚げられてしまったら、困るのはアップル側になります。満足に技術開発ができなくなってしまうのです。その代わり、技術開発が成功したら、それが新製品として世に出て、多くの消費者から受け入れられ、アップルには大きな売上が入ってきます。その売上の一部が、1万円を出した投資家の利益につながっていくのです。

アップルは新しい技術が開発できるとともに、新製品を世に出して売上もアップしますから、当然のことながら大喜びとなります。アップルが出した新製品を購入したユーザーも、新しい技術によって高い利便性を享受できるので大喜びでしょう。そして、最後にアップルに出資した投資家も、売上増による利益の一部が配当などで還元されますから、やはり大喜びとなります。結局、この話で言うと、誰も損をしておらず、皆が少しずつ利益の恩恵にあずかることになるわけです（**図1-5**）。

また利益の一部を配当金という形で受け取れるだけでなく、企業業績が順調に伸びていけば、それにともなって株式価値も上がっていきます。自分が提供した資金で、企業も大きくなり、自分も利益を受け取り、さらに世の中に便利なものやおいしいものが生まれ、皆の笑顔を生み出す。これが投資の王道だと思います。

図1-5 投資をすることで、皆が笑顔になる!

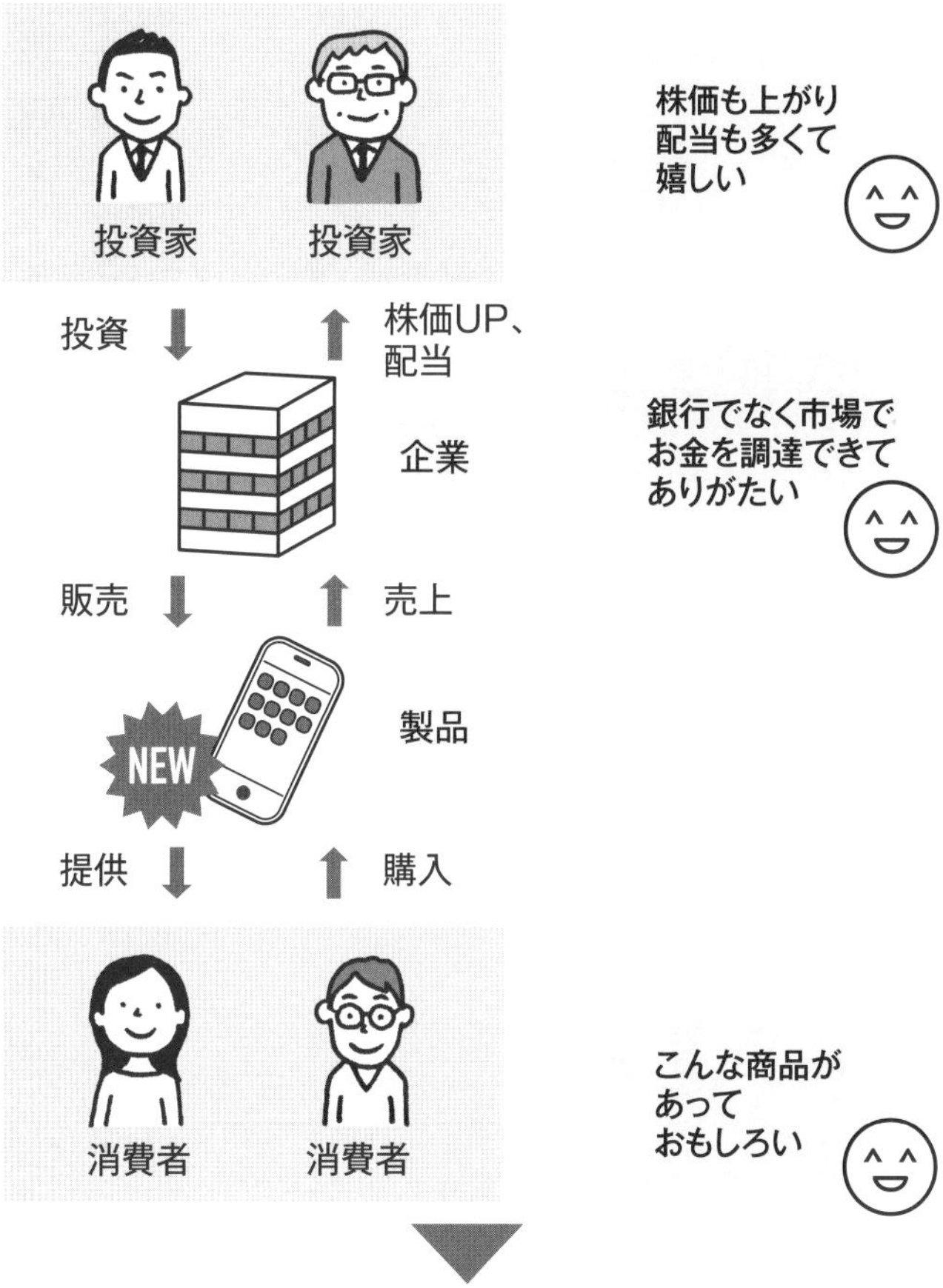

お金が回ることで、皆がハッピーになる!

世界の人口が増え、経済が成長する限り、長期投資は負けない

世の中には、「長期投資のほうが危険だ」という人がいます。その根拠は、「今のように変化の激しい時代に、20年後、30年後がどうなっているのかなど、誰にも分からない」という主張です。

そういう方に、日本経済はかつて戦後30年間で12倍に成長したということを話して長期投資の有効性を説明しても、「でも、それはあくまでも過去の話。将来がどうなるのかなんて、誰にも分からない」という言葉で否定してくるのです。

それはそれでいいでしょう。長期投資というものは、確かに世界経済が今後も成長を維持できるという前提が信じられなければ、できるものではありません。したがって、世界経済が今後も成長を続けるということを信じられない人は、長期投資には不向きです。では、世界経済は今後も成長を続けるのでしょうか。

私が以前、投信運用会社の会長として投資信託を設定・運用するとともに、多くの

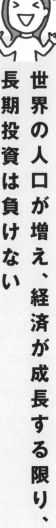

個人投資家に長期投資の啓発活動を行っていたことからもお分かりいただけると思いますが、私自身は、まだまだ世界経済は、長期的に成長を続けるものであることを、疑っていません。

米国や欧州、日本などの先進国を中心に見ると、確かに昔に比べれば経済成長率は落ちています。特に日本などは、少子高齢社会に突入して人口が自然減になっていますから、経済成長率が低下するのは、止むを得ないことでしょう。

日本だけに投資をしているのだとしたら、長期投資をしたとしても、なかなか資産は大きく増えていかないかもしれません。

でも、これからの資産運用は世界が舞台になります。世界に目を向ければ、まだまだ成長余地のある国はたくさんあります。

具体的には、中国やインド、カンボジア、ベトナムなどの経済成長が注目を集めています。さらに遠い国にも目を向けると、アフリカ大陸の国々やブラジルなどの中南米諸国、東欧諸国など、これから成長段階に入っていこうという国は、まだまだたくさんあります。つまり、世界経済の成長が完全な頭打ちになるのは、まだ相当先の話なのです。

人口が増加する＝経済成長が見込める

人口の面からも、長期投資の有効性は説明できます。日本の人口は確かに減少傾向ですが、世界全体で見れば、まだまだ人口は増加傾向をたどっています。2023年時点の世界人口は80億4500万人。総務省の資料によれば、これが2050年には97億3500万人に増えると予測されています（**図1-6**）。

人口が増え続ける限り、経済は成長を続けます。というのも、人間は欲望を持った生き物だからです。欲望がある限り、少しでも良い服を着たいし、おいしいものを食べたいと思うし、少しでも良い生活を送りたいと考えます。これが経済成長の推進エンジンになるのです。このように、人口増加も含めて考えると、世界経済の成長が、そう簡単に止まるなどということは、とても考えにくいのです。そして、今後も当面、世界経済の成長が続くのだとしたら、その成長の波にお金を乗せておけば、それだけで資産はどんどん増えていくはずです。これが長期投資の妙味でもあるのです。

図1-6　世界の人口は増え続ける!

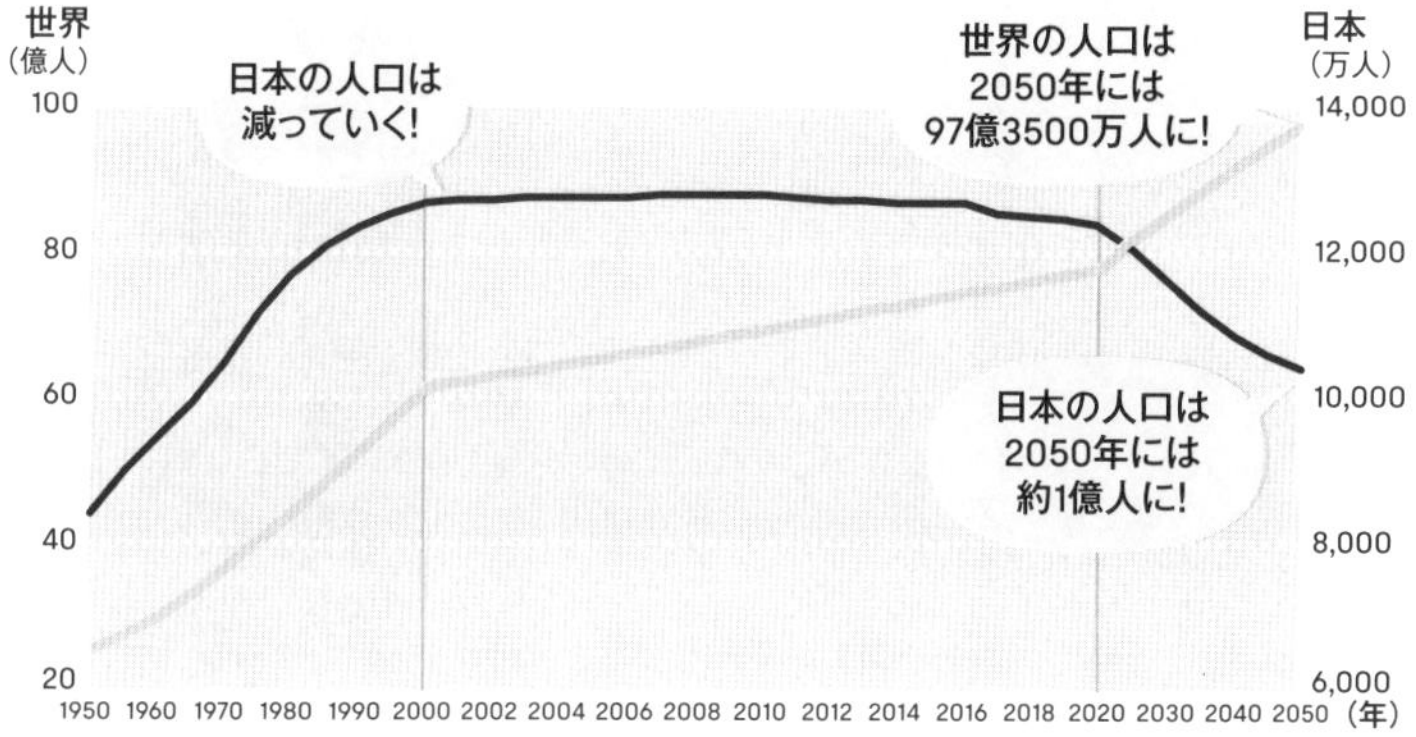

出典：総務省統計局『世界の統計2021』より作成

もちろん、デイトレードを専門に行うのであれば、長期投資はすぐに利益を実現できず、満足できないと考えても仕方ありません。でも、長期投資を専門に行っている私に言わせれば、長期投資ほど着実で、楽な投資方法はない、ということになります。

何しろ、デイトレードのように必死になって銘柄を発掘する必要は、どこにもありません。チャートとにらめっこする必要もないのです。大事なことは、世界経済の未来をどこまで強く信じられるかという気持ちです。

そして、長期投資に合った投資信託を選んで保有を続けること。その2点にさえ注意すれば、誰でも長期投資で資産形成をすることが可能なのです。

世界株式への分散投資は 17年間の平均で年7％のリターン

では、世界への長期投資を考えたとして、それは一体どのくらいのリターンを予想すればいいのでしょうか？

こちらにとても興味深い資料があります。２００６年から２０２２年までの17年間の、『投資対象別・年次リターンの推移（２００６年～２０２２年）』です。資産クラス（投資対象となる資産の種類や分類）によってかなりバラつきがあるのが見て取れるでしょうか（52～53ページ**図1-7**）。データの作成にあたっては、イボットソン・アソシエイツ・ジャパンという投資情報会社に協力してもらっています。

資産クラスは、世界株式、米国株式、日本株式、ブラジル株式、中国株式、新興国株式、世界ＲＥＩＴ、世界債券、新興国債券の9種類に分けてみました。新興国株式があるのに、敢えてブラジル株式と中国株式を別建てにしたのは、両国の株式市場に投資するファンドが多数設定・運用されているからです。

実際に数字を見てみましょう。

まず、注目していただきたいのが通期のリターンです。

一覧表は2006年から2022年までのリターンの推移であり、その年平均を通期のリターンとして表示しました。

そして、17年間を通じて最もリターンが高いのが「米国株式」の9%。次いで「世界株式」が7%、「中国株式」が6%、「新興国株式」と「世界REIT」が同率で5%、「新興国債券」が4%となっています（**図1-7**の右下）。

この17年間を通じて、平均値では米国株式が最も高いリターンを上げていますから、「それなら米国株式にずっと投資し続けていればいいのでは」という声も聞こえてきそうですが、今一度、各年次のリターンに注目してみてください（**図1-7**）。

最も顕著なケースとして「ブラジル株式」の推移を見てください。2006年と2007年は、各年次のランキングで1位か2位と堅調に推移したものの、2008年は▲64%でどん底。2009年は131%で絶好調だったのが、2010年は▲7

2014年	2015年	2016年	2017年	2018年	2019年	2020年	2021年	2022年
世界REIT	日本株式	ブラジル株式	中国株式	世界債券	米国株式	中国株式	世界REIT	ブラジル株式
39%	10%	58%	37%	-4%	29%	23%	46%	24%
米国株式	米国株式	米国株式	新興国株式	ブラジル株式	世界株式	米国株式	米国株式	日本株式
27%	0%	8%	30%	-5%	26%	14%	39%	-4%
新興国債券	世界REIT	新興国株式	世界株式	新興国債券	ブラジル株式	新興国株式	世界株式	新興国債券
21%	0%	7%	20%	-8%	25%	11%	32%	-5%
中国株式	新興国債券	世界株式	日本株式	米国株式	世界REIT	世界株式	日本株式	世界株式
19%	-1%	5%	20%	-8%	24%	11%	12%	-6%
世界株式	世界株式	新興国債券	ブラジル株式	世界REIT	中国株式	日本株式	新興国株式	新興国株式
19%	-1%	4%	19%	-8%	19%	7%	10%	-7%
世界債券	世界債券	世界REIT	米国株式	世界株式	日本株式	世界債券	新興国債券	世界債券
12%	-4%	2%	16%	-12%	17%	3%	7%	-8%
新興国株式	中国株式	日本株式	世界REIT	日本株式	新興国株式	新興国債券	世界債券	米国株式
12%	-8%	0%	5%	-16%	16%	0%	2%	-9%
日本株式	新興国株式	世界債券	新興国債券	新興国株式	新興国債券	世界REIT	ブラジル株式	中国株式
10%	-14%	-2%	4%	-16%	12%	-12%	-10%	-11%
ブラジル株式	ブラジル株式	中国株式	世界債券	中国株式	世界債券	ブラジル株式	中国株式	世界REIT
-5%	-42%	-3%	2%	-19%	3%	-24%	-14%	-15%

17年間の平均リターン(幾何平均、年率換算)

米国株式	世界株式	中国株式	新興国株式	世界REIT	新興国債券	ブラジル株式	日本株式	世界債券
9%	7%	6%	5%	5%	4%	3%	2%	1%

図1-7　投資対象別・年次リターンの推移(2006年～2022年)

順位	2006年	2007年	2008年	2009年	2010年	2011年	2012年	2013年
第1位	中国株式 83%	ブラジル株式 63%	世界債券 -11%	ブラジル株式 131%	世界REIT 6%	新興国債券 2%	世界REIT 38%	米国株式 60%
第2位	ブラジル株式 45%	中国株式 53%	新興国債券 -26%	新興国株式 87%	新興国株式 5%	世界債券 0%	中国株式 36%	日本株式 53%
第3位	世界REIT 40%	新興国株式 29%	日本株式 -42%	中国株式 68%	米国株式 1%	世界REIT -5%	新興国株式 33%	世界株式 51%
第4位	新興国株式 36%	世界株式 5%	米国株式 -49%	世界株式 41%	日本株式 0%	米国株式 -5%	世界株式 32%	中国株式 26%
第5位	世界株式 23%	世界債券 3%	世界株式 -53%	世界REIT 35%	世界株式 0%	世界株式 -12%	新興国債券 30%	世界REIT 23%
第6位	米国株式 15%	米国株式 -2%	世界REIT -54%	米国株式 30%	新興国債券 -4%	日本株式 -18%	米国株式 29%	新興国株式 18%
第7位	新興国債券 9%	新興国債券 -2%	中国株式 -61%	新興国債券 25%	ブラジル株式 -7%	新興国株式 -24%	日本株式 20%	世界債券 15%
第8位	世界債券 6%	日本株式 -12%	新興国株式 -63%	日本株式 8%	中国株式 -8%	中国株式 -25%	世界債券 13%	新興国債券 12%
第9位	日本株式 3%	世界REIT -20%	ブラジル株式 -64%	世界債券 4%	世界債券 -9%	ブラジル株式 -26%	ブラジル株式 13%	ブラジル株式 -1%

※運用コストとして2022年12月末時点のイボットソン・アソシエイツ・ジャパンの分類に基づく各資産の平均信託報酬率(日本籍公募投信の信託報酬の純資産総額加重平均値)を、全期間に対して控除しています。運用コスト(年率):日本株式:0.9%、米国株式:1.0%、ブラジル株式:2.0%、中国株式:1.9%、世界株式:0.1%、新興国株式:1.2%、世界債券:1.0%、新興国債券:1.4%、世界REIT:1.4%
※税金及び取引コストは考慮していません。利息・配当等は再投資したものとして計算しています。
※過去のパフォーマンスは将来のリターンを保証するものではありません。

〈出所〉日本株式:Morningstar国内株式指数、米国株式:Morningstar米国株式指数、ブラジル株式:Morningstarブラジル株式指数、中国株式:Morningstar中国株式指数、世界株式:Morningstar世界株式指数、新興国株式:Morningstar新興国株式指数、世界債券:Morningstarグローバル国債指数、新興国債券:Morningstar新興国ソブリン債指数、世界REIT:MorningstarグローバルREIT指数
リターンは全て利子・配当込みグロス・リターン。外貨建て指数は、為替ヘッジなし、円換算。運用コスト:Morningstar Direct

%、2011年は▲26%で再びどん底。2012年から2015年もさえない展開になり、2016年には58%もの上昇となったものの、2020年には▲24%でまた最下位、2021年は▲10%でブービー、しかし2022年は24%でトップというように、非常に激しい値動きを繰り返しています。

これは、「中国株式」もやや近い動きをしていますし、複数の新興国株式市場に分散投資している「新興国株式」は多少、分散投資効果が効いているのかもしれませんが、それでもかなりの浮き沈みがあります。タイミングを外せば、リターンはマイナスになるかもしれないのです。

このように大きく上昇・下降を繰り返す「ブラジル株式」を持ち続けることは非常に困難です。あまりにも運用成績の乱高下が激しいせいか、17年間の平均リターンは3%で、あまりさえない状況が続いています。

もちろん、持ち続けることができれば、非常に良い成果が得られるケースもありますが、2008年や2015年のように、大きく下げるような場面に出くわすと、投資慣れしていない人は怖くなり、ファンドを解約してしまうでしょう。解約が相次げば繰上償還（あらかじめ決まっていた信託期間が終了する前に、投資信託の運用が終了すること）のリスクも高まり、長期保有したくてもできなくなる恐れが生じてきます。同じことは「中国株式」にも当てはまります。

加えて、精神衛生上も決して良くはありません。年がら年中、運用成績が上がったり下がったりを繰り返していたら、保有しているファンドのことが気になって気になって、下手をすれば本業が疎《おろそ》かになる恐れもあります。

長期投資のポイントは、自分が投資していることを意識しないこと

これに対して「世界株式」はどうかというと、それほど大きな浮き沈みは見られません。2006年から2022年までの17年間で、常に6位以上をキープしています。年によって大きく上昇したり、下落したりすることもなく、他の資産クラスに比べると、ランキングは安定して推移しています。

長期投資のポイントは、自分が投資していることを意識しないことにあります。日々の値動きに一喜一憂しないから、心穏やかに続けることができるのです。それはつみたて投資枠で長期的な積立投資を実践していくうえでも重要なことです。

少額から簡単に全世界へ投資、安心を手に入れる

大分前置きが長くなってしまいましたが、結論を言えば、**経済的に安心できる人生を送るために、分散投資をするべきで、それを実行するには長期投資に向いた投資信託を少しずつ買いましょう**ということです。

私自身、過去においてさまざまな運用を行ってきました。それはもちろん、運用会社の社員として携わってきた運用もありますし、自分自身のお金を少しでも増やそうと思って行ってきた投資もあります。時には、新興市場の株式ばかりに集中投資してきたこともありますし、短期トレードを繰り返してきたこともあります。

ただ、こうして30年以上いろいろな方法を試したうえで、今、思うのは、やはり長期の分散投資に勝るものはない、ということです。

では、何を対象に長期投資をすればいいのか、ですが、**投資の王道は株式**です。

しかし、株式投資の問題点は、一体、何を買えばいいのかという銘柄選択が難しい

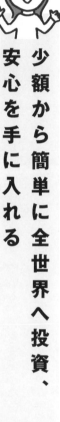

ことです。

たとえば「JAL（日本航空）が好きだから……」と言ってJALばかりを買い続けた挙句、上場廃止になり、持っていた株式がすべて紙切れになってしまったという人が大勢いました。

逆に、マイクロソフトが好きだということでひたすらマイクロソフト株を持ち続け、結果的に大金持ちになった人もいます。

また日本でいえば、イトーヨーカ堂から出向した社員たちが、セブン−イレブン・ジャパンの株を持ち株会で買っていて、セブン−イレブンの成長とともに、すごい財産を築いた、という例もありました。このように個別銘柄への集中投資を行うと、結果的に大きく儲かることもあれば、逆に財産を減らしてしまうこともあります。これでは、ハラハラドキドキが勝ってしまい、長く続けることはできません。

だからこそ「分散投資」が重要な意味を持ってきます。あらかじめ複数の銘柄に投資しておけば、大儲けすることはありませんが、一部が紙切れになったとしても、自分の財産をなくしてしまうようなことにはなりません。長期投資で成功するためには、やはり数多くの銘柄に分散させることが大切なのです。

そして、この**分散投資が手軽にできるのが投資信託**なのです。ただし、「プロローグ」で述べた通り、投資信託というのは一種の器です。

この器に何を入れるのかによって、さまざまなリスクとリターンの特性を持った、いろいろな投資信託が組み立てられます。

たとえば、日本国内の債券だけを組み入れれば、元本割れリスクは極めて低いけれども、リターンも低い投資信託ができ上がりますし、インドなどの新興国の株式だけを組み入れれば、元本割れリスクは高いけれども、非常に高いリターンが期待できる型の株式投資信託ができ上がります。

あるいは、世界中の株式や債券などに分散投資することによって、ミドルリスク・ミドルリターン型の投資信託を組み立てることも可能です。

逆に、短期売買をするために作られたような投資信託もあります。

個人投資家の皆さんには、そういった短期で利益を狙うものではなく、長期投資に向いているもの、そして**世界の株や債券へ分散投資している投資信託を選んで購入してほしい**のです。

個人の資産作りに投資信託が向いている2つの理由

さて、個人の資産運用に投資信託が適していると思う理由は、簡単に分散投資ができること以外にも、大きく2点あります。

第一の理由は、１０００円程度の少額資金でも、十分な分散投資ができることです。

そもそも、投資というと、ある程度のまとまったお金がなければできないものと思っていませんか？

実際、いろいろな方と話をしていますが、最低でも１００万円程度の資金がないと、投資はできないと思っていらっしゃる方が大勢います。

でも、それは大きな誤解です。

投資信託には今や、１０００円程度から購入でき、自分の給与振込先の銀行口座から、自動引き落としで毎月決まった日に積み立てできる商品もあります。ネット証券の中には１００円から購入できたり、カードのポイントで購入できたりと、さらにハードルが下がっています。

まして、今回ご紹介する新ＮＩＳＡの「つみたて投資枠」は、まとまった金額で投資する必要はありません。年間１２０万円の範囲内で、月々の「積み立て」で購入すればいいのです。つまり、銀行で積立預金をするのと同じ手軽さで、積み立ての投資ができるということです。

ただ、少額から購入ができるとはいえ、たった１００円で積み立てを続けたとしても、30年間で元本部分は３万６０００円にしかなりませんから、投資効果もたかが知れています。やはり老後の生活資金や、子供の教育費などの準備を前提にするのであれば、ある程度の額で積み立てていく必要があるでしょう。

そして第二の理由は、専門家が運用してくれることです。これは、専門家が運用するから、個人が運用するよりも必ず高いリターンが実現するという意味ではありません。専門家がしっかり投資家の「資産を管理してくれる」ということです。

面倒くさいところはプロに任せて、おいしいところだけをいただく

資産の管理というのは、銘柄を選定するだけではありません。選んだ後にも、その会社が投資対象にふさわしいかどうかを常にチェックし、さらに全体的な配分比率のバランスまでしっかりチェックしてくれるということです。

たとえば、ある特定の資産が増えた場合に、その一部を売却して減っている資産を購入するといったリバランス（154ページ**図3-10**参照）まで、専門家がきっちり行ってくれる、これが「資産の管理」です。個人が、世界中のさまざまな資産に分散投資をして、さらに買った後も常に動向を見ていたり、管理したりするのは非常に面倒で手間がかかるので、仕事をしながら、というわけにはいきません。その部分を、投信運用会社に代行してもらうのです。

しかも、自分で個別銘柄を発掘し、投資するためのお金の配分比率を決めるといった手間からも解放されます。つまり、最初にしくみ化してしまえば「ほったらかし」でいいのです。もちろん、なかには資産運用について考えたり調べたりするのが好きで、すべて自分で決めて投資をしたいという方もいらっしゃると思います。そういう方は、自分で銘柄を選んだり、資金の配分比率を決めたりして、自分だけの分散投資パッケージを作っていけばいいでしょう。

でも、おそらく多くの人は仕事で疲れているのに、家に帰ってからのプライベートタイムや休日の時間を、資産運用のために費やしたくはないと思っていらっしゃるのではないでしょうか。

それに資産運用は実は面倒くさいものなのです。

だからこそ、面倒くさいものはプロに任せて、おいしいところだけを取ればいいというのが、本書の基本的な主張でもあります。

さらに、最近では「つみたてＮＩＳＡ」や「ｉＤｅＣｏ」をはじめとして、政府が資産形成を後押しするための非課税制度を整えてきました。そしてさらに、２０２４年１月から、新ＮＩＳＡがスタートするのです。今こそ、長期投資を見据えた、投資信託の積み立てを始めるチャンスなのです。

次の第２章では、投資信託を購入するうえで最高の武器になる、新ＮＩＳＡの「つみたて投資枠」のメリット、特徴などについて考えてみたいと思います。

Column

なぜ、日本人は「短期、一括、集中」という投資をしてしまうのか？

最近、ちょっとした「ガッカリ」がありました。本来、投資信託という金融商品は株式やFXのように、短期間で売買を繰り返すようなものではありません。長く、じっくり保有することによって、高いリターンを得られる可能性が高まるという性質を持っています。つまり「長期投資」という視点で、投資信託を保有してほしい、ということです。

そのことは、前出の『最新版 投資信託はこの9本から選びなさい』（ダイヤモンド社）の中でも、私が日本全国で行っているセミナーでも、大勢の方たちに伝えてきたつもりでした。特に、私がダイヤモンド社で出版した本は累計で10万部以上売れており、私が言いたいことは、それなりに世の中に伝わってきていると思っていました。

しかし、現実は厳しかったのです。

投資信託を買った個人が、その投資信託をどの程度の期間、保有しているのかを示した数字があります（左図参照）。この投資信託の平均保有期間（主要行等）は2014年度時点では2・3年でしたが、その後、販売金融機関が短期乗り換えを勧めなくなったこともあり、2015年度時点が3・1年、2016年度は3・0年、そして2019年度には4・2年まで改善しました。4年を長期というのかといえば、決してそうではないのですが、一応、投資信託を長く持つという気運は、徐々に高まったかのように見えました。

ところが2020年度の平均保有期間を見ると、3・8年まで短くなってしまいました。投資信託の長期保有が定着するには、まだまだ時間がかかるかもしれません。私は、投資信託の平均保有期間は最低でも10年を目指したいと考えています。

かつて、銀行や証券会社などの販売金融機関は手数料を稼ぎたいがために、投資信託を購入した人に半年かそこらの短期間で解約してもらい、他の投資信託に乗り換えさせるという、非常にマナーの悪い販売を行っていました。

儲かった場合には、「もっといい投資信託がある」、損をしている顧客には「違う投信を購入して、損を取り返しましょう」というような営業トークで、投資信託を売っていたのです。

図　投資信託の平均保有期間

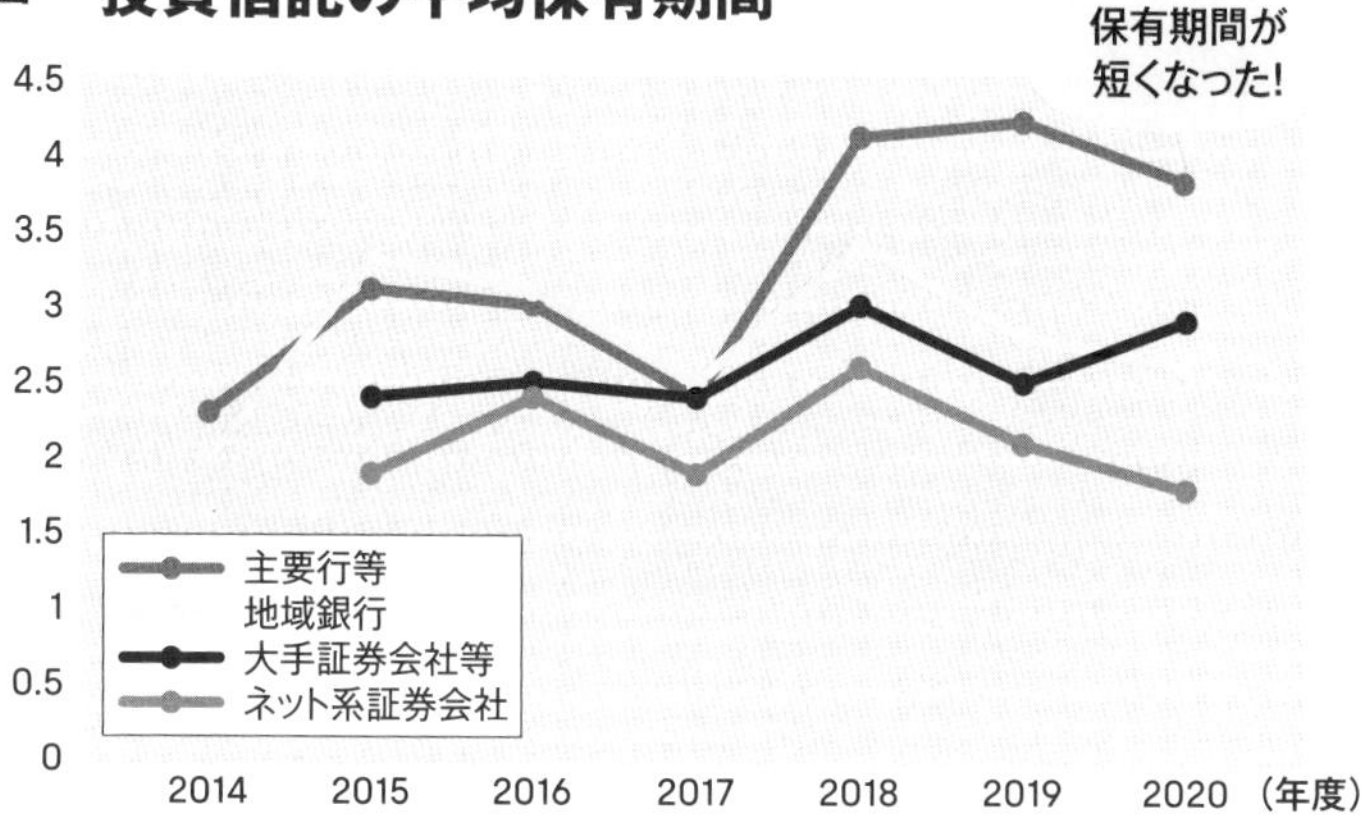

出典：金融庁「投資信託等の販売会社に関する定量データ分析結果」令和3年6月30日
出典：金融庁「投資信託等の販売会社における顧客本位の業務運営のモニタリング結果について」令和元年8月28日

これに異議を申し立てたのが金融庁でした。彼らはデータを提示したうえで、これまで投資信託の販売現場で横行していた短期回転売買を強く批判したのです。

金融機関は金融庁に睨《にら》まれたくありませんから、それ以来、投資信託の平均保有期間をできるだけ延ばすため、販売現場に対しては、「最低でも3年は解約させないように」などと厳命を下していました。そうであるにもかかわらず、投資信託の平均保有期間が再び短期化したのは、その原因が販売金融機関の側だけにあるのではなく、投資家の側にもあるのではないか、という推測が成り立ちます。

日本人の投資は「短期、一括、集中」投資になりがち

ちょっとでも値上がりすると解約して利益を確定したくなる。大きく値下がりすると「どうしよう！」と動揺して、すぐに解約したくなる。

投資家なら誰しもが陥りがちな心理的罠ですが、投資信託で長期保有を前提とした運用をしているにもかかわらず、この罠から抜け出せない人が結構多いのではないかと思います。なぜ、このような罠に陥ってしまうのでしょうか。それは、投資信託をまとまったお金で一括購入する人が多いからです。

「定期が満期になったから」「退職金が入ったから」等で、まとまったお金を手にした人に投資信託の購入をセールスする、こうやって投資信託は残高を増やしてきました。金融機関にとっては少額で投資してもらうよりも、まとまったお金のほうが手っ取り早く手数料が多く入ってきますから、積立投資などという少額でセールス側が面倒なものは勧めないのです。しかし、**お金を育てるのであれば、「短期、一括、集中」**

図　お金を大きく育てるには「長期、積立、分散」

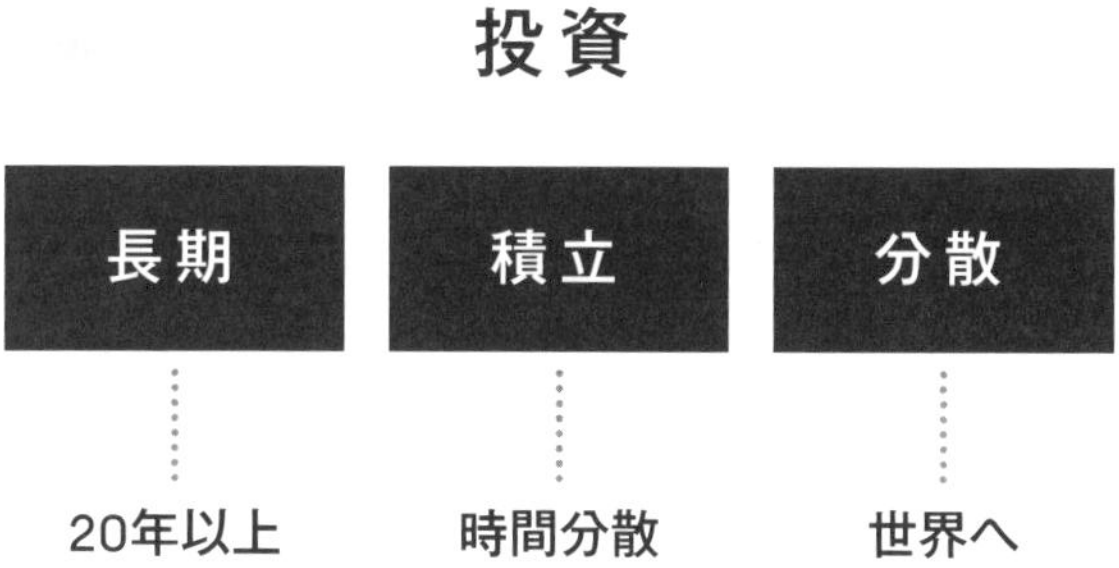

投資ではなく、真逆の「長期、積立、分散」投資がベストです。

積立投資なら、月々の購入価格がマーケット状況により異なるため、多少相場が上下しても現実に自分がどのくらい儲かっているのか、あるいは損しているのかが一目瞭然ではないため、それが利益確定や損失限定の解約を抑制して長期保有につながります。

ところがこれが一括購入だと、自分の買値がはっきり分かるので、どうしても解約を招きがちなのです。

ただ、こうした状況もいよいよ変わってくるでしょう。なぜなら、2018年1月につみたてNISAがスタートし、投資を始める人が増えてきたからです。

お金を育てる制度として、いかに新NISAの「つみたて投資枠」がいいのか、次の章から、詳しくご説明しましょう。

第２章

おトクな制度の中で新ＮＩＳＡが最強の理由

まず２０１４年に「一般ＮＩＳＡ」が始まった

この章では、つみたてＮＩＳＡがなぜ導入されたのか、そして、なぜ新ＮＩＳＡの「つみたて投資枠」をおすすめするのかをご説明します。

まず、一般ＮＩＳＡという制度が２０１４年1月に登場した時、資産形成に対する関心の高い人たちの間では、相応に話題となりました。年間の非課税枠は１００万円（２０１６年より１２０万円）で、非課税期間は5年間。投資可能期間は２０１４年から２０２３年までの10年間で、これによって最大６００万円（当初５００万円）の投資元本から発生した投資収益が非課税になるというものでした。

ちなみに、一般ＮＩＳＡを通じて投資できる対象は、個別株式と株式投資信託に限定されています。また、個別株式と同様の扱いとして、ＥＴＦ（上場投資信託）とＪ－ＲＥＩＴ（不動産投資信託）も一般ＮＩＳＡの対象です。

一般ＮＩＳＡという制度が誕生した理由はいろいろありますが、よく言われるのは、「株式投資の軽減税率を廃止する代わりに設けられた、資産形成を目的とした非課税制度」というものです。

株式の売買益に対する税率は、２００３年から10％という軽減税率が適用されました。この理由は、株価の低迷が続いていたことから、株式市場に投資家を呼び込むためだったと考えられます。その軽減税率はあくまでも時限立法だったのですが、国内株式市場の低迷が長期化したことから1年ごとに延長が繰り返され、結果的に２０１３年まで軽減税率が適用され続けました。

そして２０１４年1月から、株式の売買益に対する税率は、それまでの10％から20％に引き上げられました。これによって株式市場の商いが落ち込み、再び株価が低迷することが懸念され、その対策として一般ＮＩＳＡが設けられたという説が、まことしやかに言われています。

でも、私は本当のところは違うと思います。

一般ＮＩＳＡは２０１４年1月からスタートした制度です。ということは、おそらく金融庁の職員はその大分前から、一般ＮＩＳＡの原型となったイギリスの非課税制度ＩＳＡ（該当する金融商品をＩＳＡ口座で運用した場合に、利益や利子などに税金がかからない制度）を調べ、現地視察に行き、さらに日本国内でも識者を集めて意見交換をするなど、相応の時間を費やして、日本国内で一般ＮＩＳＡをスタートさせた場合の影響をしっかり調べていたと思います。

国がひとつの制度を新設して稼働させるためには、極めて慎重なスタンスで長い時間をかけて行うはずです。

「ようやく株価が好調になったから、これを機に軽減税率を無くして一般ＮＩＳＡを導入しましょう」などと、軽々に行えるようなものではないはずです。

しかも、税制の軽減措置ですから、金融庁の独断で導入の是非を決められるものではなく、関係省庁との調整を幾度となく繰り返して、ようやく導入に至ったはずです。

そう考えると、株価が好調になったから株式売買益の軽減税率を取りやめ、一般ＮＩＳＡを新設したというのは、いささか的外れです。

2024年から「新NISA」が始まる

一般ＮＩＳＡがスタートして4年後、2018年1月から「つみたてＮＩＳＡ」が

図2-1 つみたてNISA、一般NISAはこうなっている

	つみたてNISA（2018年創設） ⇔選択制⇔	一般NISA（2014年創設）
年間投資枠	40万円	120万円
非課税保有期間	20年間	5年間
非課税保有限度額	800万円	600万円
口座開設期間	2023年まで	2023年まで
投資対象商品	長期の積立・分散投資に適した一定の投資信託（金融庁の基準を満たした投資信託に限定）	上場株式・投資信託等
対象年齢	18歳以上	18歳以上

出典：金融庁「新しいNISA」より

スタートしました。つみたてNISAは年間40万円を上限として毎月、投資信託を積み立て、それによって生じた分配金、値上がり益を非課税にする制度です。当初、投資可能期間を2037年まで、としていましたが、その後、投資可能期間を2042年まで延長することが報じられました。また、つみたてNISAの非課税期間は最長20年とされており、一般NISAに比べて長期の非課税効果が期待できるというものでした（**図2-1**）。

ちなみに、つみたてNISAでは一般NISAのように、株式の個別銘柄やJ-REITへの投資は認められていません。つみたてNISAの口座を用いて購

入できるのは、あくまでも投資信託のみであり、それも一定のスクリーニング基準を満たしたインデックス投信、アクティブ投信、そしてＥＴＦのみで、２０２３年7月末時点のファンド数はインデックス投信が２０７本、アクティブ投信が31本、ＥＴＦが８本の計２４６本です。

さて、一般ＮＩＳＡ、つみたてＮＩＳＡのしくみについては、この程度にしておきましょう。というのも、２０２３年12月末で両ＮＩＳＡは取扱が中止（口座開設期間の終了）になり、２０２４年1月からは、両ＮＩＳＡが一本化され、装いも新たに「新ＮＩＳＡ」がスタートするからです。

２０２３年中に始めたＮＩＳＡは無駄にならない

一般ＮＩＳＡとつみたてＮＩＳＡが２０２３年12月末で終了になる、などと言うと、恐らく早とちりの人は「今、ＮＩＳＡの口座で投資している分が無駄になるの？」などと思ってしまうかもしれませんね。

でも大丈夫です。一般NISAの2023年分の口座で購入した分は、5年の非課税期間が終了する2027年まで運用でき、その間に発生した値上がり益、配当金、分配金については非課税になります。

また、つみたてNISAの口座で2023年中に積み立てた分についても、非課税期間は20年間なので、それが終わる2042年まで非課税で運用できます。ということは、2023年中に両NISAで投資をスタートさせた分は、一般NISAであれば新NISAの非課税枠に120万円を上乗せした額まで、非課税枠を増やすことができます。

また、つみたてNISAは、いつから積立投資をスタートさせたかによりますが、たとえば2023年1月から始めたのであれば、新NISAの非課税枠に40万円を上乗せした額が、最終的な非課税額になります。

なので、2023年中に投資を始めた一般NISA、つみたてNISAが無駄になるのではなく、2023年中に投資した金額は、それぞれの非課税期間が終了するまで、新NISAとは別枠で管理・運用できるのです。したがって、少しでも非課税枠を増やしたいという方は、２０２３年中に両ＮＩＳＡのいずれかを始めるといいでしょう。

新ＮＩＳＡのしくみ（その１）
口座開設期間の恒久化と非課税保有期間の無期限化

では、「新ＮＩＳＡ」について、旧来の一般ＮＩＳＡ、つみたてＮＩＳＡと大きく異なる点について説明しましょう（**図２‐２**）。

一番のポイントは、**口座開設期間の恒久化と非課税保有期間の無期限化が実現**したことです。

一般ＮＩＳＡやつみたてＮＩＳＡは、それらの口座を使って株式や投資信託を購入できる期限が設けられていました。たとえば一般ＮＩＳＡは、当初２０２３年が投資可能期間の最終年でしたし、つみたてＮＩＳＡであれば２０３７年が最終年でした。

つまり一般ＮＩＳＡであれば、２０２４年以降は制度そのものが無くなって利用できなくなり、それ以降も投資非課税制度のメリットを享受したいのであれば、つみたて

図２-２　新NISA制度のしくみ

	つみたて投資枠（つみたてNISA） ⇔併用可⇔	成長投資枠（一般NISA）
年間投資枠	120万円	240万円
非課税保有期間（注1）	無期限化	無期限化
非課税保有限度額（総枠）（注2）	1800万円※簿価残高方式で管理（枠の再利用が可能）	1200万円（内数）
口座開設期間	恒久化	恒久化
投資対象商品	長期の積立・分散投資に適した一定の投資信託〔現行のつみたてNISA対象商品と同様〕	上場株式・投資信託等（注3）〔①整理・監理銘柄 ②信託期間20年未満、毎月分配型の投資信託及びデリバティブ取引を用いた一定の投資信託等を除外〕
対象年齢	18歳以上	18歳以上
現行制度との関係	2023年末までに現行の一般NISA及びつみたてNISA制度において投資した商品は、新しい制度の外枠で、現行制度における非課税措置を適用 ※現行制度から新しい制度へのロールオーバーは不可	

（注1）非課税保有期間の無期限化に伴い、現行のつみたてNISAと同様、定期的に利用者の住所等を確認し、制度の適正な運用を担保

（注2）利用者それぞれの非課税保有限度額については、金融機関から一定のクラウドを利用して提供された情報を国税庁において管理

（注3）金融機関による「成長投資枠」を使った回転売買への勧誘行為に対し、金融庁が監督指針を改正し、法令に基づき監督及びモニタリングを実施

出典：金融庁「新しいNISA」より

NISAを用いるより他に方法が無かったのです。

また非課税期間も、一般NISAは5年、つみたてNISAは20年というように期間が限られていました。一般NISAで購入した株式や投資信託を、5年の非課税期間が終わった後も保有し続ける場合は、課税口座に移す必要があったのです。つみたてNISAも同じで、積立投資した投資信託を、20年間の非課税期間が終了した後も保有し続ける場合は、やはり課税口座に移さなければなりませんでした。

しかし、2024年1月からスタートする「新NISA」では、**口座開設期間が恒久化されるのと同時に、非課税保有期間も無期限化**されました。

これは非常に大きな改善点です。NISAを利用している人たちにとって、利便性が一気に高まりました。なぜなら、いつ投資を始めたとしても、あるいはいつまで投資したとしても、保有期間中に生じた利益については非課税扱いになるからです。これこそ、NISAという制度がスタートした時から、私たちが金融庁や国税庁に対して求めていたことなのです。

非課税枠の再利用ができる

また、口座開設期間の恒久化と非課税保有期間の無期限化に伴い、NISA口座を用いて投資した株式や投資信託を売却、もしくは解約した後も、その枠を翌年から再利用できることになりました。従来、一般NISAやつみたてNISAでは、たとえば2023年の枠を使って購入した株式や投資信託を売却、もしくは解約した場合、2023年の枠を再利用することは認められていませんでした。

しかし、「新NISA」では、**非課税枠の再利用ができます。**

口座開設期間の恒久化と非課税保有期間の無期限化を実現した以上、売却や解約した後の枠を再利用できなかったら、非課税枠を使って投資をした後、利益確定のために売却や解約をしてしまうと、どんどん使える非課税枠が減ってしまい、何のための口座開設期間の恒久化なのか、あるいは非課税保有期間の無期限化なのか、分からなくなってしまいます。つまり枠の再利用は極めて理にかなっているのです。

その代わりといっては何ですが、「新NISA」を用いて投資できる金額には上限が設けられています。詳細は後述しますが、「新ＮＩＳＡ」では、つみたて投資枠と成長投資枠という２つの枠が設けられ、**両方の合計で最大１８００万円までの非課税枠**が認められています。個人は１８００万円までであれば、好きな時に非課税枠を用いて株式や投資信託を購入でき、かつ自分自身で納得のいく利益が得られた段階での現金化も、自由に行えるのです。しかも前述したように、枠の再利用ができますから、売却や解約をした後も、投資金額が１８００万円を超えさえしなければ、「新ＮＩＳＡ」の口座を用いて投資ができるようになるのです（１０６ページ**図2-7**参照）。

新NISAのしくみ（その2）
つみたて投資枠と成長投資枠

77ページ**図2-2**にあるように「新ＮＩＳＡ」には2つの枠が設けられています。ひとつは「**つみたて投資枠**」で、これはつみたてＮＩＳＡの新バージョンと考えていただければいいでしょう。

年間の投資枠は１２０万円なので、つみたてＮＩＳＡの40万円から大幅にアップしました。かつ、1年＝12カ月間で割り切れる金額になった点も評価できます。つみたてNISAは年間の投資枠が40万円だったため、12カ月で割ると、1カ月あたりの積立金額が3万3333円という割り切れない額になるというデメリットがありました。これが年間120万円までの枠が認められたことによって、1カ月最大10万円まで積み立てられるようになったのです。

そして、もうひとつの枠が「**成長投資枠**」です。こちらは一般NISAの後継制度と考えて良さそうです。非課税枠は年間240万円までで、**積立投資の枠として用いることもできますし、一括投資も可能**で、かなり多様な投資信託や個別株式にも投資できます。

ちなみに、1800万円という非課税保有限度額のうち、**成長投資枠での投資が認められるのは、1200万円まで**となっています。つまり全額を成長投資枠で投資することはできないのです。でも、**つみたて投資枠のみで、非課税保有限度額である1800万円を使い切ることは認められています。**

この**非課税保有限度額は、買い付けた時の額で管理**されます。

たとえば、100万円で購入した投資信託の基準価額が値上がりして150万円になったからといって、生涯投資枠が値上がり益である50万円分、減額されたりはしません。100万円で購入した投資信託は、あくまでも100万円で評価されて、生涯投資枠が管理されるのです。したがって、NISA口座内の商品を売却した場合は、その商品の買い付けた時の価格分の非課税枠を再利用できることになります。

ところで、一部では生涯投資枠（1800万円まで）を設けたことについて、「がっかりした」という声があるのも事実です。できれば生涯投資枠など設けず、投資によって得た収益については全額、非課税にするべきではないか、という意見もあったようですが、これはさすがに税務当局の手前、無理でしょう。そもそも非課税枠によって税金を取れなくなることを、税務当局は嫌がりますから、1800万円という生涯投資枠が認められたこと自体が、私は奇跡に近かったと考えています。

「新NISA」を使えるのは、日本国内に住む18歳以上の人

では、1800万円という生涯投資枠は少ないのでしょうか。

「新NISA」を使えるのは、日本国内に住む18歳以上の人たちです。この条件を満

たす人1人につき1800万円ですから、ある程度の年齢になって結婚すれば、夫婦で合計3600万円の生涯投資枠が使えることになります。

総務省統計局が発表している家計調査報告には、1世帯あたりの平均貯蓄額の数字が掲載されています。2022年5月に発表された2021年分の数字を見ると、2人以上世帯の貯蓄額は、平均値で1880万円、中央値で1104万円でした。また、2人以上の勤労者世帯になると、平均値は1454万円、中央値は833万円となっています。

ちなみに平均値は全体の平均なので、高額貯蓄者がいると、その人たちの貯蓄額に引っ張られてしまう傾向があります。ですから、恐らく大勢の人たちの実感としては、平均値よりも中央値の方だと思います。ちなみに中央値とは数字を小さい順に並べてその真ん中に来る数字です。

2人以上の勤労者世帯の中央値が833万円ですから、生涯投資枠の範囲内で投資できる人が大半を占めることになります。つまり夫婦で3600万円という生涯投資枠は、十分なのではないかと思うのです。

ところで、つみたて投資枠で購入できる投資商品は、現在のつみたてＮＩＳＡと同じ、インデックスファンド、アクティブファンド、そしてETFです。いずれも、長期の積立・分散投資に適した商品性を有する投資信託です。

これに対して成長投資枠は、上場株式や投資信託等が対象になりますが、①整理・監理銘柄、②信託期間20年未満、毎月分配型の投資信託及びデリバティブ取引を用いた一定の投資信託等は、成長投資枠の購入対象から外されています。

なお、これについては2024年1月以降に「新NISA」を用いて資産形成を考えている人に対して、ひとつだけ注意喚起させてください。

証券会社や銀行などの金融機関では、この制度を用いてお客さまに資産形成を勧める動きが、これから広がっていくと思われます。そこで注意しなければならないのが、成長投資枠での投資推奨です。

つみたて投資枠で購入できる商品は、販売手数料のかからないインデックスファンドやアクティブファンドです。しかも信託報酬率も低廉《ていれん》なものが中心になっています。確かに、この手のローコストファンドは、資産運用をする人たちにとっては使い勝手の良いものなのですが、つみたて投資枠を使って投資信託の買付を勧める金融機関からすれば、ほとんど儲からないサービスです。

現状、つみたてNISAで高い人気を誇っているインデックスファンドの信託報酬率から計算すると、1000億円の資産規模を預かって得られる信託報酬は、年間3000万円程度です。

こうなると、多くの金融機関はつみたて投資枠などには目もくれず、成長投資枠を使った株式や投資信託の購入を勧めてくる可能性が高いと言えます。特に成長投資枠で購入できる投資信託は、販売手数料無料といった制約は課せられていません。それこそ販売手数料が3％程度の投資信託を積極的に販売してくる可能性があります。

また、購入した投資信託を短期間で解約させて、別な投資信託に乗り換えさせる回転売買が横行する恐れもあります。一応、金融庁としては成長投資枠を使った回転売買の勧誘行為に対する監督指針を改定して、監督・モニタリングを行うことになっていますが、隙《すき》を突くことの上手な証券会社などは、あの手この手で個人の資金を成長投資枠に誘導しようとするでしょう。この点には十分な注意が必要です。**成長投資枠は金融機関に勧められたものではなく、自らが能動的に長期投資したいと考える商品を選択**してください。

どちらの枠をメインに考えるべきなのか

では、「新ＮＩＳＡ」のつみたて投資枠と成長投資枠のどちらをメインに使えば良いでしょうか。

よく言われているのが、つみたて投資枠では、グローバル分散投資されたポートフォリオ（資産の組み合わせ）を持つインデックスファンドで積立投資を行う一方、成長投資枠では、たとえば日本株アクティブファンド、米国株アクティブファンドなど、つみたて投資枠では投資できない投資信託や、株式の個別銘柄に投資して、プラスαのリターンを狙うというものです。最近、「新ＮＩＳＡ」に関する記事などを読んでいると、結構、この手法でつみたて投資枠と成長投資枠を使い分けましょうと解説している専門家が多いようです。

でも、私は敢えてそんなに面倒なことをする必要はない、と考えています。

もちろん「投資が趣味」という人は、いろいろ工夫をして２つの投資枠を使い分ければ良いと思いますが、分散効果を高めたいと考える人にとっては、たとえばつみたて投資枠でグローバル分散投資のインデックスファンドを積み立てているのに、敢えて成長投資枠で日本株アクティブファンドや米国株アクティブファンドを買う意味が合理的には見出しにくいのです。つみたて投資枠では買えない、魅力的な長期投資ファンドを選択したいといった目的以外では、**すでに国際分散投資のポートフォリオに積立投資しているのであれば、わざわざ国別の組入比率を変えるような投資を、成長投資枠で行う必要はありません。**

また、株式の個別銘柄投資が好きな方もいらっしゃると思いますが、本書はそもそも「新ＮＩＳＡ」で資産形成を始める人向けの本ですから、すでに投資の経験を豊富に持っていて、株式の個別銘柄投資が好きだという方は、ご自由になさってください。

確かに、最大１２００万円までとはいえ、その分は株式の値上がり益や配当金への課税が非課税になりますから、それなりに投資効果を高めることはできるでしょう。

資産形成の王道は「長期、積立、分散」投資

でも、これから資産形成を始める人に対して、私は個別銘柄投資を勧めるつもりはありません。基本的に**資産形成は、長期的な世界経済の成長軌道に自身のお金を乗せて増やすべきだと考えている**からです。

もちろん個別銘柄だって立派な投資対象です。自分が大好きな企業の株を保有する応援株主は、とてもステキな投資であり、日本株の個別銘柄投資自体を否定するつもりは毛頭ありません。

ただ個人の、それも投資を始めたばかりの人にとって個別銘柄投資は、非常にハードルが高いことを申しあげたいのです。さまざまな資産クラスに分散投資している投資信託に比べ、個別銘柄投資は、その企業の業績がダイレクトに株価に反映されます。その分、大きく資産を増やせる可能性もありますが、反対に大きく資産を目減りさせてしまうリスクと背中合わせにもなります。どんどん儲かっている時は良い気分になると思いますが、逆に大きく損をしたら、恐らく投資から手を引きたくなるでしょう。

そのくらい、資産の増減の振幅が大きいのです。

資産形成の王道は、金融庁も言っていますが「長期、積立、分散」投資です。これを愚直に続けることが、皆さんの資産形成につながります。そうである以上、成長投資枠でわざわざ個別銘柄に投資する合理的な必要性はないのです。

それよりも「新ＮＩＳＡ」で是非とも皆さんに知っていただきたいのは、前述したように成長投資枠は、１８００万円の生涯投資枠のうち利用できるのは１２００万円までですが、つみたて投資枠は１８００万円まで使い切ることができることです。

毎月10万円ずつ積み立てた場合、15年間で生涯投資枠の１８００万円に到達できます。毎月５万円なら30年間です。毎月のことですから５万円でも大変かも知れません。でも、夫婦共働きでお互いに毎月５万円の積立投資ができれば、30年後に老後を迎えた時、２人で３６００万円分の投資枠を使い切ることができるのです。

しかも、これは運用益を全く考慮していない金額です。仮に年平均４％の利回りで運用したとすると、毎月５万円を30年間積み立てた結果は３４７０万２４７０円です。これを夫婦２人で実現できたら、何と６９４０万４９４０円にもなるのです。これに公的年金を加えれば、老後の生活を十分に賄《まかな》えるだけの資産を築くことができます。

ちなみに、グローバル株式運用において、年4％の運用利回りは、かなり保守的な数字です。一般的には年7％が期待リターンと言われていますから、仮にそれが現実になれば、1人につき6099万8550円。夫婦2人なら1億2199万7100円もの資産を築くことができます。これだけの資産を金融資産のみで構築できたら、恐らく公的年金がもらえなくても、老後の生活は楽勝です。

この数字を見れば、わざわざ成長投資枠で分散を目的にして別のファンドを探したり、あるいは株式の個別銘柄などを買わなくても、十分な資産形成が可能であることがご理解いただけると思います。

口座開設期間の恒久化と非課税保有期間の無期限化で考えるべき長期投資の効果

資産形成に求められるのは、コツコツ長く続けていく持久力です。そして、コツコツと長期的な資産形成を行うのに必要なのは、特定の資産、あるいは個別銘柄に投資資金を集中させて、短期で10倍を狙うような、相場で勝負して勝ちにいく行為ではありません。合理的に資産が育つ「負けない」投資です。

どうすれば投資でお金を育てられるのでしょうか。それは、金融庁が、資産形成を行うに際して重要と主張している「長期・積立・分散」投資にヒントがあります。

「長期」というのはずっと保有を続けること、「積立」というのは時間を分散して定期的にコツコツ購入していくこと、そして「分散」というのは、ひとつの銘柄に投資するのではなく、できるだけいろいろなものに広く投資するという意味です。

92ページ**図2-3**にある2つのグラフを比較してみてください。

これは金融庁が作成したデータです。いずれも1985年以降の各年に、国内株式、外国株式、国内債券、外国債券という4つの資産に同額ずつ毎月積立投資をして、片や5年間、もう一方は20年間、保有し続けた場合の年率のリターンを示しています。

両者を比べるとよく分かるのですが、保有期間が5年だとリターンにかなりのばらつきがあります。しかも、マイナスリターン、つまり元本割れになるケースも散見されます。ところが、保有期間が20年になると、リターンのばらつきが少なくなることに気付かれるでしょう。保有期間20年のリターンは、年率で2~4%が40%程度、4

図2-3 5年、20年の運用成果の実績

資産・地域を分散して積立投資を行った場合の運用成果の実績【保有期間別（5年、20年）】※

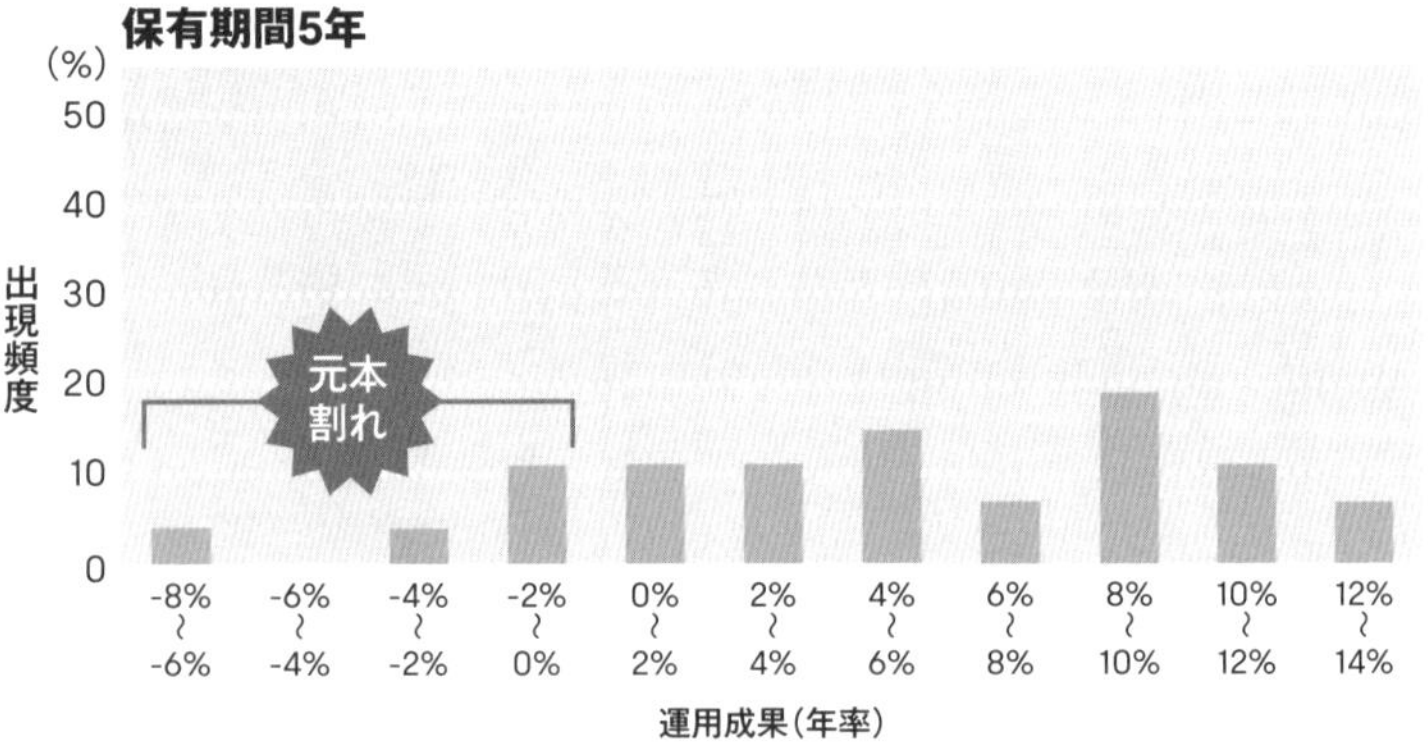

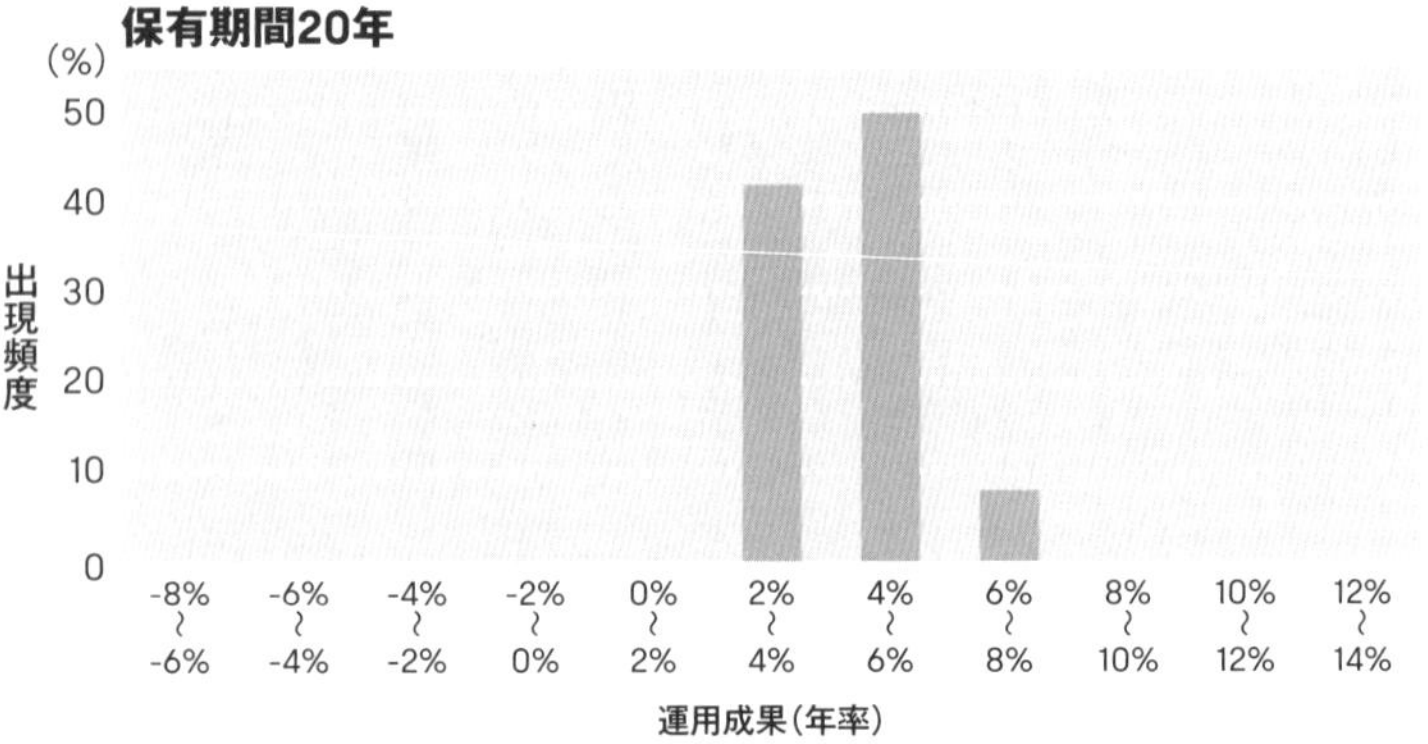

※1985年以降の各年に、毎月同額ずつ国内外の株式・債券の買付を行ったものです。各年の買付後、保有期間が経過した時点での時価をもとに運用結果及び年率を算出しています。これは過去の実績をもとにした算出結果であり、将来の投資成果を予測・保証するものではありません。

出典：金融庁『つみたてNISA早わかりガイドブック』より引用・作成

〜6％が50％程度、6〜8％が10％弱という水準に収斂しています。しかも、元本を割り込んだケースが一度もありません。

金融庁はこういったデータをもとに、少なくとも20年は続けられる制度を作ろうとしたのではないでしょうか。

毎月一定額を12カ月にわたって積み立て、その繰り返しを20年間続けていけば、適正な商品選択と将来のマーケット動向にもよりますが、大体その期待されるリターンは、2〜8％に収斂する可能性が高いと想起されるデータになっています。

積立投資と一括投資、どちらが得なのか

長期投資の有効性が理解できたら、次は「**積立投資**」です。

積立投資の有効性については諸説紛々《しょせつふんぷん》で、正しいという意見もありますし、逆に積立投資はリターンが下がるという意見もあります。私は圧倒的に前者の立場で、積立投資は特に個人投資家には非常に有効だと考えています。

逆に、積立投資はダメだという人たちの意見を聞くと、次のようなことを必ず言い

ます。「株式でも投資信託でも、将来、値上がりすると思うから投資するのであって、そうである以上、積立投資よりも一括投資のほうが有利ですよ」と。

さて、皆さんはどう考えますか。確かに一理あります。ある投資対象の値段が１００円、１１０円、１２０円、１３０円というように値上がりしていく場合、それぞれの値段で積立投資するよりも、１００円の時に一括で投資したほうが、トータルで見たリターンは高まります。それは当然です。おそらく投資をしたことのない人でも、何となく分かるでしょう。

たとえば、**図2-4**上段を見てください。１口あたりの値段が１００円から１４０円まで10円刻みで積み立てたものを全部、１５０円の時に利益確定で解約したとします。５回の積立投資で得られた利益は１３３円です。

これに対して、５回の積み立てと同額の５００円を原資にして、１００円の時にまとめて買ったとすると、購入した口数は５口です。ということは、１口あたり１５０円で売却できれば、売却時の総額は７５０円ですから、７５０円－５００円＝２５０円になります。このように、ずっと株価が上がるなら積立投資よりも一括投資のほうが、リターンが高まるケースもあります。

図2-4 積立投資と一括投資

株価が右肩上がりのケース

値段	積立投資	〈購入口数〉	一括投資	〈購入口数〉
100	100	1.00	500	5
110	100	0.91	0	0
120	100	0.83	0	0
130	100	0.77	0	0
140	100	0.71	0	0
	500	4.22	500	5
売却時	合計資産	儲けは?	合計資産	儲けは?
150	633	133	750	250

株価が一度下がるケース

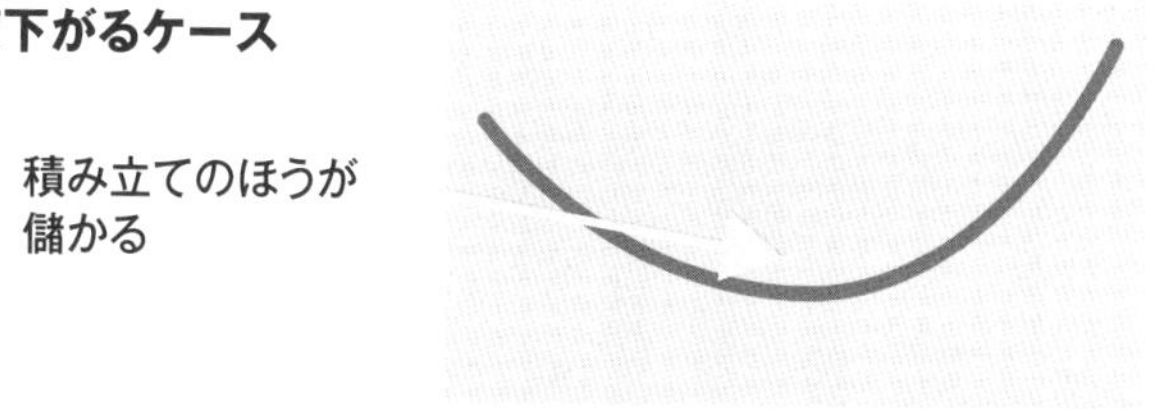

値段	積立投資	〈購入口数〉	一括投資	〈購入口数〉
100	100	1.00	500	5
90	100	1.11	0	0
70	100	1.43	0	0
80	100	1.25	0	0
120	100	0.83	0	0
	500	5.62	500	5
売却時	合計資産	儲けは?	合計資産	儲けは?
150	843	343	750	250

ただ、それは基本的には右肩上がりで推移した場合の話です。株価でも為替レートでもそうですが、一直線に右肩上がりに推移するケースは皆無です。株価の値動きを追うと分かりますが、常に上昇と下落を繰り返しながら、徐々に株価は下値を切り上げるようにして、上昇トレンドを形成していきます。

だからこそ、積立投資を継続する意味があるのです。

ドンと、大きく下がったところで大量に買う自信があれば、誰でも一括投資をします。でも、実際にはそんなところで買える人はほとんどいません。だから積立投資によって、買い付けるタイミングを分散させるのです。

積立投資は毎月買いますから場合によっては、値段が高いところで買わざるを得ない時もあります。しかし、定期的に同じ金額で同じものを積立投資していけば、値段が高い時は買う量を抑えられ、値段が安い時は多くの量を買うことができます。

もちろん、下げ続けた結果、無価値になってしまったら一括投資も積立投資も関係なく損失を被《こうむ》りますが、値段が上下動を繰り返しているならば、値段が安くなったところで通常よりも多くの量を仕込むことができる積立投資は、有効だと考えられます。

また、このように積立投資の合理性について説明すると、もう少し投資に詳しい人の中には、「いや、そうではない。フェアバリュー（適正価格）をきちんと計算できるなら、その価格で一括購入すればいいのだから、やはり積立投資をする必要はどこにもない」と主張される人もいます。

この考え方は、たとえば株式であれば通るかもしれません。その会社が持っている資産の額、あるいは業績などから見て、本来あるべき株価はいくらなのかという「フェアバリュー」を計算できるからです。今の株価が割高なら買わない、割安なら買うというように判断して、わざわざ積立投資をしなくても、フェアバリューのところで一括投資するという考え方はありですが、そもそもその算出には高度な企業価値分析が必要で、大半の人には困難な作業です。

でも、投資信託の場合は、さまざまな資産を組み入れて運用している金融商品で、投資先は多岐にわたりますから、投資家サイドでフェアバリューを計算することなどできません。フェアバリューを計算できない以上、一括投資はリスクが高いだけですから、投資信託は積立投資が有効ということになります。

「国際分散投資」で価格変動リスクを軽減

最後の「**分散投資**」には2つの意味があります。ひとつは今、説明したように投資するタイミングを分散させること、つまり**積立投資（時間分散）**です。

もうひとつは、**資産（アセット）クラス分散**といって、株式だけでなく債券やREIT（不動産投資信託）など、自分たちがいいと思う資産クラスを複数組み合わせる分散投資のことです。

資産クラス分散のメリットは、価格変動リスクを軽減させることにあります。もし、特定企業の株式だけに資金を集中させて投資していたら、投資先企業の業績が悪化して株価が下落した時、その下落リスクをもろに受けることになります。

しかし、投資信託であれば複数の銘柄に分散投資しているため、個別銘柄の株価下落リスクの影響は受けにくくなります。ただし、たとえば日本株ファンド、米国株ファンド、欧州株ファンドなど、特定の資産クラスに投資するファンドの場合は、特定の資産クラスのマーケット全体が値下がりした時、その下落リスクを直接、負うことになります。

したがって、複数の資産クラスを組み合わせる場合は、値動きの方向性が異なる資産クラス同士にするのが基本です。

たとえば株式と債券の組み合わせは、その基本パターンといってもいいでしょう。株価が値下がりするのは、経済全体を見ると、景気が悪い時です。景気が悪い時は金利が低下し、債券の価格が上昇するのがセオリーです。つまり、株価が下落しても、債券価格の上昇分で、ある程度、値下がりリスクが軽減されると想定することができます。

分散投資の有効性は、第1章に出てきた資産クラス別の**図1-7**（52〜53ページ）の運用成績を見れば一目瞭然です。

あらゆる資産に分散されていれば、どんな資産が上がろうが下がろうが、平均をとってほどほどのリターンが見込めます。そうすれば、「新興国株を買っておけばよかった」「日本株を買っておけばよかった」「債券にしておけば、損失はあまりなかったのに」などという後悔をしなくて済むのです。

分散ポートフォリオによる運用であれば、売り買いのタイミングに悩んだり、銘柄選びに苦労したりすることから解放されます。

これから資産形成をする人はもちろんのこと、たとえば日本株式ばかり、または毎月分配型投信を通じて外国債券ばかりを保有しているような中高年齢層の人たちにとっても、分散ポートフォリオの投資商品を、自分の資産ポートフォリオに組み入れておくというのは、保有資産の安定性と分散投資効果を高めるうえで有効なのです。

新NISAの6つの注意点

2024年1月からスタートする「新NISA」の6つの注意点を、ここで簡単にまとめておきましょう。特に、従来のNISAで運用していた人たちにとっては、「新NISA」になることで、従来のNISAとは異なる点も出てきますので、改めて確認してください。

1点目は、従来のNISAでは一般NISAとつみたてNISAの併用はできませんでした。どちらかひとつを選ばなければならなかったのですが、**「新NISA」で**

図2-5　つみたて投資枠と成長投資枠の併用が可能

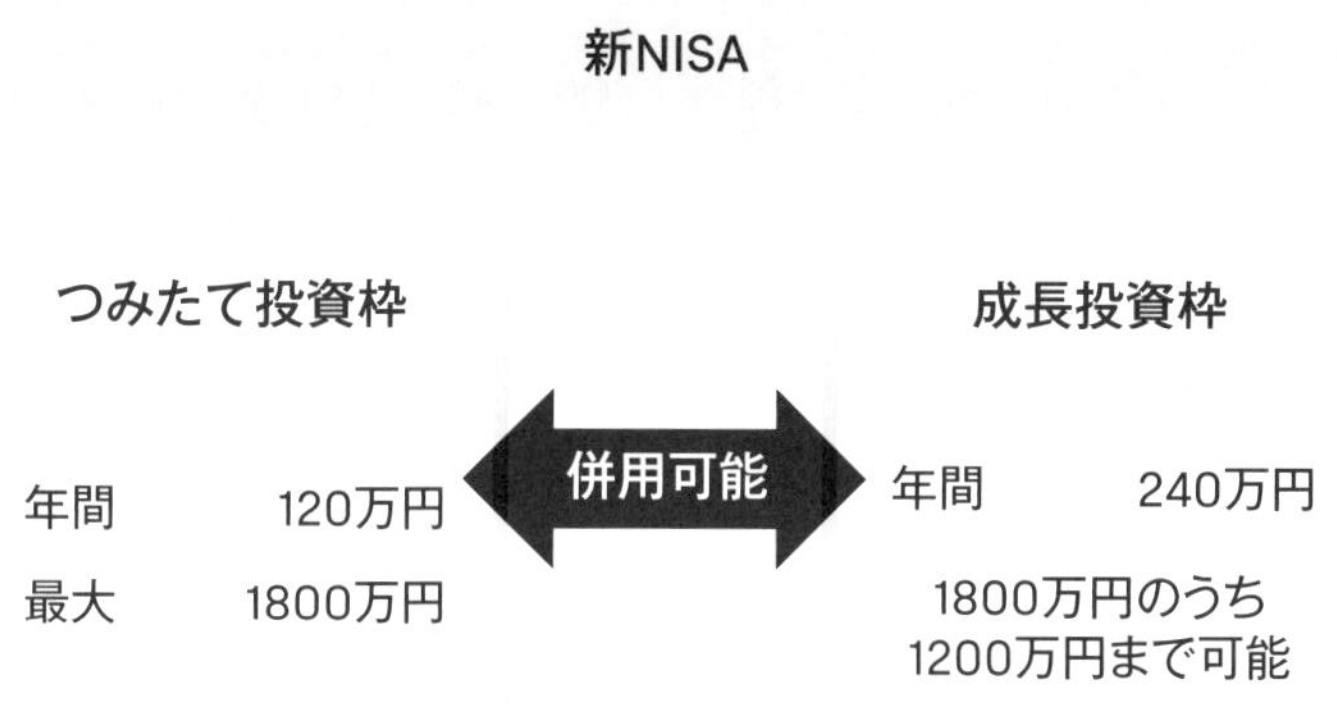

は、つみたて投資枠と成長投資枠の併用が可能です（**図2-5**）。ただし、前述したようにつみたて投資枠は、１８００万円の生涯投資枠いっぱいまで利用できるのに対し、成長投資枠は１２００万円が上限になります。

２点目は、特に成長投資枠を選んだ場合ですが、**非課税枠が復活するからといって短期的な売買は避けるのが無難**です。そもそもＮＩＳＡは長期的な資産形成を行うための制度ですから、短期売買で得た収益を非課税にして丸儲けするのは本末転倒です。

３点目は、２点目の注意点と関連してくるのですが、**金融機関選びに注意して**

ください。つみたて投資枠は基本的に、現行つみたてＮＩＳＡの延長線上にあるので、販売手数料のかかる投資信託は対象外です。

その点、成長投資枠は販売手数料のかかる投資信託も対象に含まれるため、金融機関のなかには、手数料稼ぎを目的にして高コストな投資信託ばかり勧めてくるケースが想定されます。この手の金融機関に「新ＮＩＳＡ」の口座を作ってしまうと、金融機関に手数料を取られるばかりで、長期的な資産形成が一向にはかどらないという状況になる恐れがあります。

４点目に、つみたて投資枠の場合は現行のつみたてＮＩＳＡと同様、現物株式やＪ－ＲＥＩＴには投資できませんし、購入できる投資信託も一定のスクリーニング基準を満たしたものに限られます。これは前述した通りです。

また成長投資枠については、株式やＪ－ＲＥＩＴ、そしてつみたて投資枠で購入できる投資信託以外の投資信託も購入できますが、①整理・監理銘柄、②信託期間20年未満、高レバレッジ型及び毎月分配型の投資信託は、成長投資枠の購入対象から外されている点に注意してください。

５点目は、**新ＮＩＳＡの投資枠と課税口座の間で損益通算ができない点**にも留意が必要です。これは現行NISAでも同じで、課税口座を使って売買している株式に30万円の利益が生じて、NISA枠に20万円の損失が生じているからといって、課税対象額を損益通算して10万円にすることはできません。あくまでも課税口座に生じている30万円の利益に対して、20・315％の税率で課税されます（104ページ**図2-6**上段）。

6点目は、それと同様に、**損失の繰越控除も認められていません。**

仮に株式投資で50万円の損失が生じたとしましょう。これが課税口座の場合だと、損失は最長3年間、繰越控除できます。どういうことかというと、損失が生じた翌年を1年目として、その年の利益が20万円だとすると、それが前年の50万円の損失と相殺されて利益がゼロになり、それでも相殺し切れなかった30万円の損失額を、2年目の利益と相殺させることができます。それでもまだ相殺し切れない時は、3年目の利益とも相殺できるのです。この繰越控除の制度が、現行NISAと同様、「新NISA」でも認められないのです（**図2-6**下段）。

このように、**損益通算と繰越控除が認められていないのは、NISAは損失が生じないものという前提で成り立っている制度だから**です。長期にわたる資産形成を促進

図2-6　損益通算、損失の繰越控除はできない!

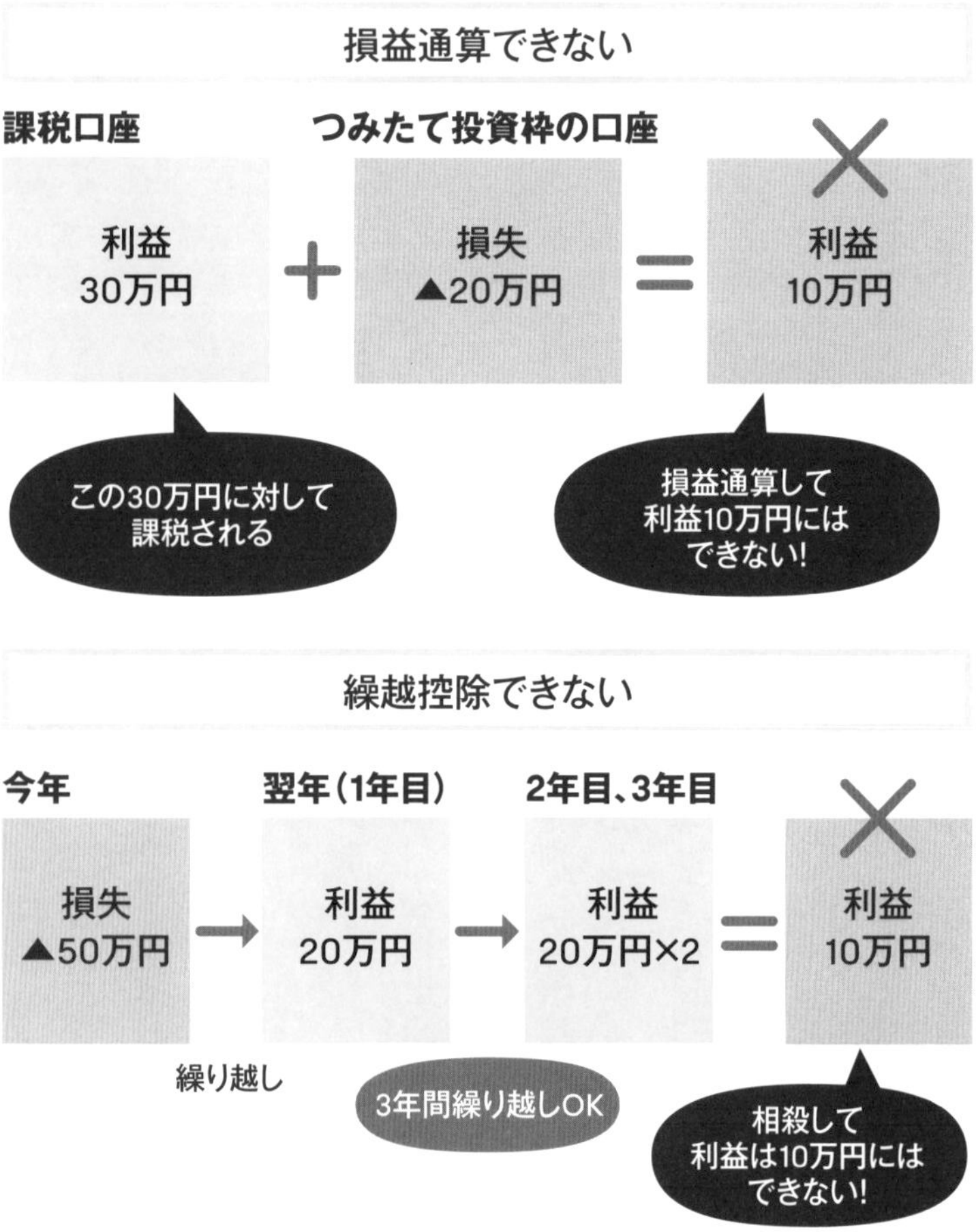

するための制度ですから、目先で生じた損失との損益通算や繰越控除は、ほとんど意味がないということで、これらが認められていないのだと思います。

積立額の変更や、休止も可能

このように、いくつかの注意点がある「新NISA」ですが、各種変更については意外と自由にできます。

たとえば、つみたて投資枠の場合、毎月の積立金額は非課税枠の関係上、月々10万円までですが、その範囲内であれば、自由に変更できます。

たとえば、今まで月10万円だったのを、少し給料が減って生活が苦しいから5万円にするのはもちろん、どうしても現金が必要になった場合は、これまで積み立ててきたものの一部を中途解約することも可能です。

また、**一時的に積み立てを休止させることも可能**です。「しばらく積み立てを続けていく経済的なゆとりがない。けれども今まで積み立てた分は非課税で運用を継続したい」という場合は、積み立てを休止し、その後状況が変わったら再開するという選

図2-7 翌年以降に枠の再利用ができる

1年目 360万円
2年目 360万円 360万円
3年目 360万円 360万円 360万円
4年目 360万円 360万円 360万円 360万円
1800万円に!
5年目 360万円 360万円 360万円 360万円 360万円
6年目 360万円 360万円 360万円 360万円 360万円
売却
7年目 360万円 360万円 360万円 360万円 360万円
投資枠の再利用ができる!

択肢もあります。

つみたて投資枠、成長投資枠の両方とも、売却や解約をした場合、翌年には非課税枠が回復しますから、投資している商品の入れ替えや再投資も比較的容易になります**（図2-7）**。

また旧来のNISA制度では、年間投資枠を使い切れなかった場合、余った枠を翌年に繰り越すことはできませんでしたが、新制度では生涯の時間軸で1800万円の生涯投資枠を自在にコントロールできるので、各人のライフプランに応じて無理のないペースで非課税枠を無駄なく活用できるようになります。

「新NISA」の課題

大幅に改善されるNISAですが、本書を書いている2023年10月時点においては、まだいくつかの課題が残されています。

まず、**「1人1口座」の問題**です。現行のNISAでは、日本に在住している成人を対象にして、1人1口座までNISAの口座を金融機関に開設できることになっています。

しかし、この1人1口座までしかNISAの口座を開設できない制度のため、これから証券会社を中心にして、激しい顧客争奪戦が行われる恐れがあります。現行の一般NISA、ならびにつみたてNISAの口座開設に出遅れた証券会社などが、2024年1月から装いも新たにスタートする新NISAでは出遅れないようにするため、顧客の取り込みに血道を上げることになるでしょう。こうした営業攻勢が、本当の意味で顧客本位になるとは思えません。

もうひとつは、**対象商品**です。

たとえば現行のつみたてＮＩＳＡでは、アクティブ型のスクリーニング基準がかなり厳格だったため、多くの投資信託会社はつみたてＮＩＳＡに適格なアクティブ型の投資信託を持っておらず、結果的に新設が許されているインデックス型の投資信託に大きく傾斜しました。それも、採算度外視のような低コストのインデックス型投資信託を乱造したのです。

確かに、低コストでの運用を望む投資家にとって、これは良いことかもしれませんが、あまりにローコストな投資信託の乱造は、逆に投資信託会社の経営体力を奪うことにもなりかねません。運用の継続性を考えた時、今のようなコスト競争は、決して望ましくないのです。それを考えると、低コストインデックス型投資信託の乱造につながるようなスクリーニング基準を、見直すべき時期に来ていると考えます。

インデックスファンドと非インデックスファンドの区別をなくして、新設ファンドの登録を認めず、すべてのファンドに5年以上の運用実績を課すことで、インデックスファンド偏重を是正し、良質なアクティブ運用がインデックス運用と同じ土俵で運用力を競い合える環境をつくるべきだと思うのです。

Column

こんな投資信託は買ってはいけない！

①「テーマ型ファンド」

この本でご紹介する「つみたて投資枠」以外の課税口座では、なんと約6000本の投資信託から自由に選んで購入することができます。

初めて投資信託を購入しようとして金融機関を訪れ、そこで勧められてついつい買ってしまうものに「テーマ型ファンド」があります。

現状、つみたてNISAの口座では購入できませんが、窓口のセールストークにのせられて、つみたてNISA以外の口座で購入する人が結構います。販売側にとって売りやすい商品なので「売れている投信ランキング」などに登場しやすいファンドです。私がこのテーマ型ファンドを、なぜ買ってはいけないと考えるのかご説明いたしましょう。

テーマ型ファンドとは、その時々で話題に上っているテーマをファンド名に冠し、そのテーマと関連性の強い銘柄を組み入れて運用する投資信託のことです。

たとえば「IT関連銘柄ファンド」であれば、コンピュータ会社、家電メーカー、電話会社、半導体メーカーなど、ITのハード面、ソフト面に関連する企業の株式のみを組み入れて運用します。

2018年以降に新規設定されたファンドの中にも、テーマ型ファンドはたくさんあります。ファンド名に付けられた言葉をざっと挙げると、「ロボティクス」「インフラ関連」「最高益更新企業」「健康社会」「元気シニア」「東京圏応援」「連続増配成長株」「ESG」「SDGs」「AI」「ガバナンス」、という有様です。

こうした流行り言葉を目にすると、何となく儲かりそうな感じがしませんか。

しかし、テーマ型ファンドには落とし穴があります。それは、株式市場において、そのテーマが一番物色されて、株価がまさにピークを付けようというところで新規設定されるパターンが多いことです。

言うまでもなく、株式市場での関心が高まっている時というのは、世間一般にもニュースなどで取り上げられていることが多く、誰もがそのテーマについて、多少の関心を示しています。その局面で、タイミングよく設定されれば、投資信託にたくさんお金が集まるという算段です。

図　テーマ型ファンドは金融機関から見て「売りやすい」商品

ただ大方の場合、買った直後は値上がりしたとしても、やがて人気がピークを過ぎると、あとは値が下がるだけです。

そう考えると、テーマ型ファンドはいくら「長期的なテーマです」と言われたとしても、実は短期売買向けで、販売側にとって売りやすいファンドであると考えることができます。

ちなみに、こうした状態を嘆いたためか、金融庁が作成した「平成28事務年度金融レポート」において「過去の株式投資信託の販売動向を見ても、ブームに流され、株価のピークにおいて株式投資信託が最も売れる傾向が見られているが、個人投資家が安定的な資産形成を行うためには、こうした売買のタイミングを気にする必要のない、資金投入の時期を分散する積立投資を行うことが有益な方法と考えられる」とコメントされていました。

テーマ型ファンドは、金融庁に長期的な資産形成には不向きであると判断されており、だからこそ、つみたてＮＩＳＡで購入できる投資信託から除外されているのであり、新ＮＩＳＡの成長投資枠でも選択肢から外すことをおすすめします。

第3章

新NISAを始める前に知っておきたい「投資信託」の「裏知識」

「新ＮＩＳＡ」を始める前に「投資信託」のしくみを理解しよう

「新ＮＩＳＡ」のつみたて投資枠の投資対象は「投資信託」です。ですから、この章では、まずは簡単に投資信託のしくみをご説明いたします。

投資信託は大勢の人からお金を集め、さまざまなものに投資し、その運用によって得られた収益を、投資家に対して還元するというしくみの金融商品です。

ですから、何を組み入れて運用するのかによって、リスク・リターンの特性が大きく変わってきます。日本株だけで運用するもの、外国株全般や、ある特定の国の株だけで運用するものもあります。さらには、いろいろな地域の債券、金やコモディティ（商品先物市場で取引されるエネルギー、貴金属、穀物等の商品）、不動産など、ありとあらゆる投資対象を組み入れることも可能です。

そして投資信託には、３つの会社がかかわっています。投資信託の販売窓口の「**販売金融機関**」、投資信託を設定し、運用の指図を行う「**投信運用会社**」、組入資産の管理や売買発注を行う「**信託銀行**」、この3者が分業でかかわっているのです（**図3-1**）。

図3-1　投資信託には3者が分業でかかわっている

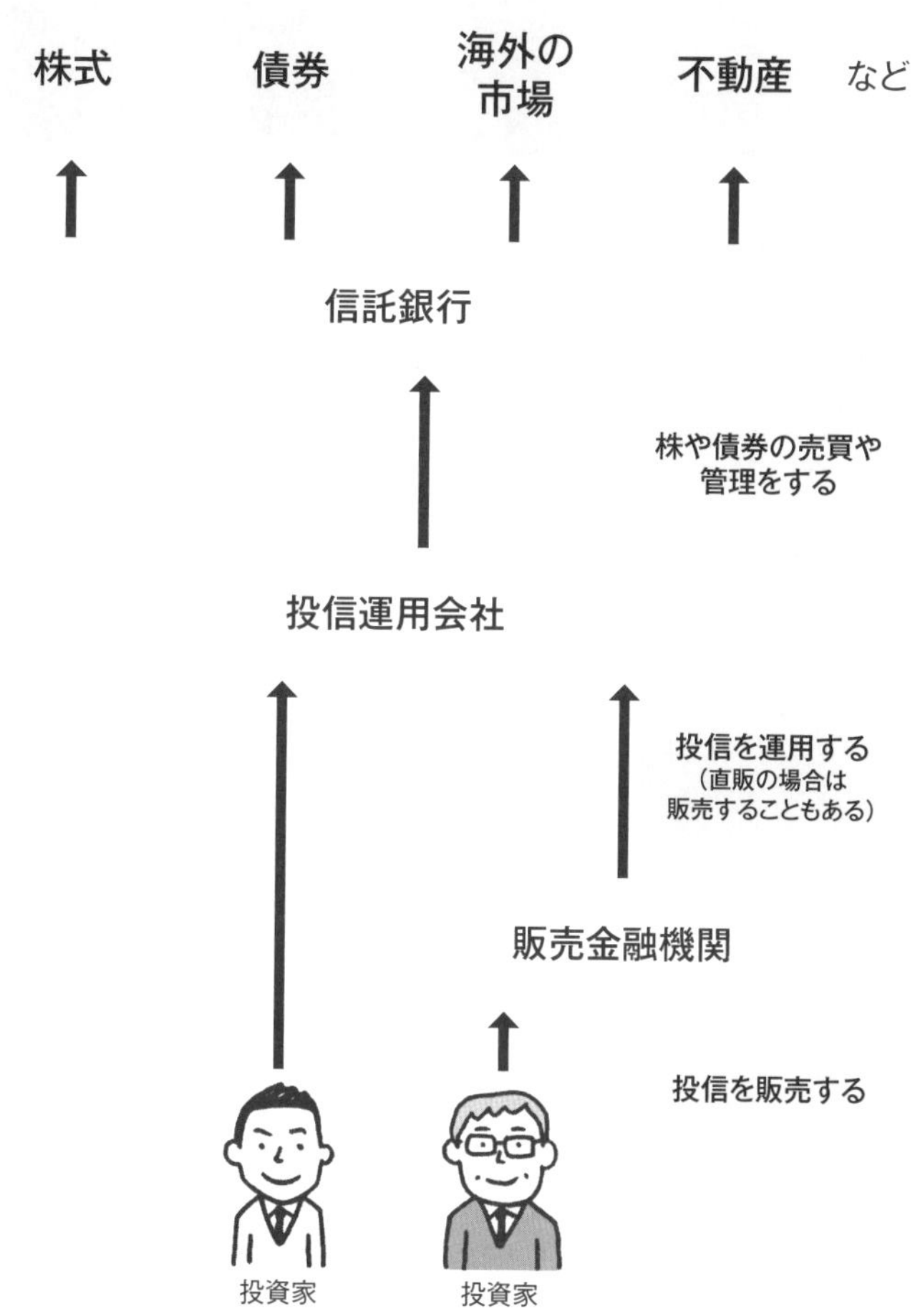

「販売金融機関」とは、投資信託を販売している証券会社や銀行のこと

投資信託を購入しようと思ったら、直接私たちがやりとりするのは「販売金融機関」です。証券会社や銀行など、投資信託の販売窓口となる金融機関のことです。

かつて、投資信託を販売している販売金融機関は証券会社だけでした。

しかし、１９９０年代からのバブル崩壊によって株価が急落し、株式市場が低迷したため、市場活性化の一環として、「証券会社には行かない層にも買ってもらえるようにしよう！」と、１９９８年に、銀行や保険会社でも投資信託を販売できるようにしたのです。

それ以来、投資信託は幅広い金融機関の窓口で購入できるようになり、２００５年からは当時の郵便局、現在のゆうちょ銀行でも、投資信託の販売が解禁されました。

これにより、株式とは違って、投資信託はほとんどの金融機関で購入できるようになったのです。ほかにも、実際の店舗を持たないネット証券や、ネット銀行でも購入できます。

新ＮＩＳＡを始めようと思ったら、「販売金融機関」で新ＮＩＳＡの口座を開き、その金融機関で扱っている商品を購入します。

投資信託を作り、運用する「投信運用会社」

次に、「投信運用会社（投資信託委託会社とも言います）」の役割について説明しましょう。

投資信託という金融商品は、投信運用会社なくしては存在しません。数々の投資信託は、投信運用会社が企画設定し、運用しています。

投資信託の運用責任者がファンドマネジャーであり、彼らの仕事を支えるために分析などの仕事をするアナリストが複数おり、チームを組んで、投資家から集めた資金の運用戦略を立案し、実行していきます。

そして、株式などの売買注文は、証券会社に直接出すわけではありません。間に信託銀行が入っています。投信運用会社のファンドマネジャーは、信託銀行の担当者に対して、「この銘柄を買ってくれ」「あの銘柄を売ってくれ」というように指示するのが仕事です。そして信託銀行の担当者は、ファンドマネジャーから言われた通りに、その注文を執行していきます。

またここ20年の傾向として、日本の投信運用会社でも海外市場の動向に注目せざるを得ない状況が続きました。というのも、１９９０年代から２０００年代前半にかけて、日本の株価低迷が続く一方、諸外国の株価が大きく上昇したため、外国株式を組み入れて運用する投資信託が増えたのです。加えて、日本の超低金利が長期化する中で、相対的に高い外国債券の金利が注目され、外債ファンドの新規設定が相次ぎました。

しかし、多くの日本の投信運用会社は、積極的な海外展開を行わなかったため、海外から入ってくる情報量が少なく、海外のマーケットで運用する投資信託を独自に設定せず、海外の運用会社に運用を外部委託する傾向が強まりました。

あるいは直接、株式や債券を買うのではなく、これらの投資対象を組み入れた、複数の海外ファンドを組み合わせるファンド・オブ・ファンズ形式（１４７ページ参照）の投資信託もあります。

ちなみに２０２１年12月末時点で、日本国内で投資信託を設定・運用している投信運用会社の数は、全部で１０７社です。この投信運用会社の資本関係を見ると、大半が金融機関の子会社として設立されています。証券会社だけでなく、メガバンクや地方銀行、各種共済組合も、系列の投信運用会社を持っていますし、外資系もあります。

実際に資産の管理や保管、売買などを行う「信託銀行」

専門的には「受託銀行」と言います。資産の管理や保管、売買などは、信託業務を行う銀行があたることになっています。「○×信託銀行」などと、名前に信託がついている銀行がこの業務を行っているケースが大半です。

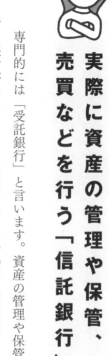

「信託銀行って何しているの？」と思っている方もいらっしゃると思います。が、実は信託銀行が間に入っていることで、投資信託は資産の安全性を高度に担保されているのです。

あまり考えたくはありませんが、投信運用会社と販売金融機関が倒産しても、投資信託に組み入れられている資産はすべて信託銀行が管理しているため、その資産価値が毀《き》損《そん》されることはありません。また、信託銀行が倒産しても、投資信託の資産は、信託銀行の資産とは分けて管理されています。これを分別《ぶんべつ》管理といいますが、このことで、資産価値が毀損されることがないよう、守られているのです。

このように、投資信託に組み入れられている資産を守ることに加え、信託銀行は投信運用会社からの指示を受けて、売買注文を発注し、預かっている信託財産の計算などの作業をします。その作業の見返りとして、信託銀行は運用管理費用の一部を、受託者報酬として受け取っています。

「購入時手数料」とは、投信を買う時に支払うもの

投資信託にかかるコストには、主に3種類があります。「購入時手数料」「運用管理費用」「信託財産留保額」の3つです（122ページ図3-2）。順番に説明しましょう。

販売金融機関はボランティアで投資信託を販売しているわけではありません。ビジネスになるから販売しています。具体的には、「購入時手数料」の獲得が大きな目的のひとつで、投資信託の販売を請け負っていると言ってもいいでしょう。

逆に私たち個人投資家は、投資信託を購入する時に「購入時手数料」を支払います。少し前まではいわゆる「販売手数料」と呼ばれていたものです。

販売金融機関が投資家から受け取っているこの手数料については、正直なところ、私は納得がいかないものがあります。手数料とは、何か仕事をしてもらったことへの対価として支払うものです。

でも、投資信託の購入時手数料は、なぜか運用してもらう前の段階で払わされます。それも、投信運用会社に対して支払うのではなく、なぜか販売金融機関に対して支払うのです。これはおかしな話です。私に言わせれば、購入時手数料などというものは、販売金融機関が購入していただくお客さまから費用を徴収しているという歪《いびつ》な構図になっていると思います。

それに、購入時手数料は決して安くありません。新NISAのつみたて投資枠で購入できる投資信託は、この購入時手数料はゼロの「ノーロード」と言われるものだけ

図3-2 投資信託にかかるコストは主に3種類

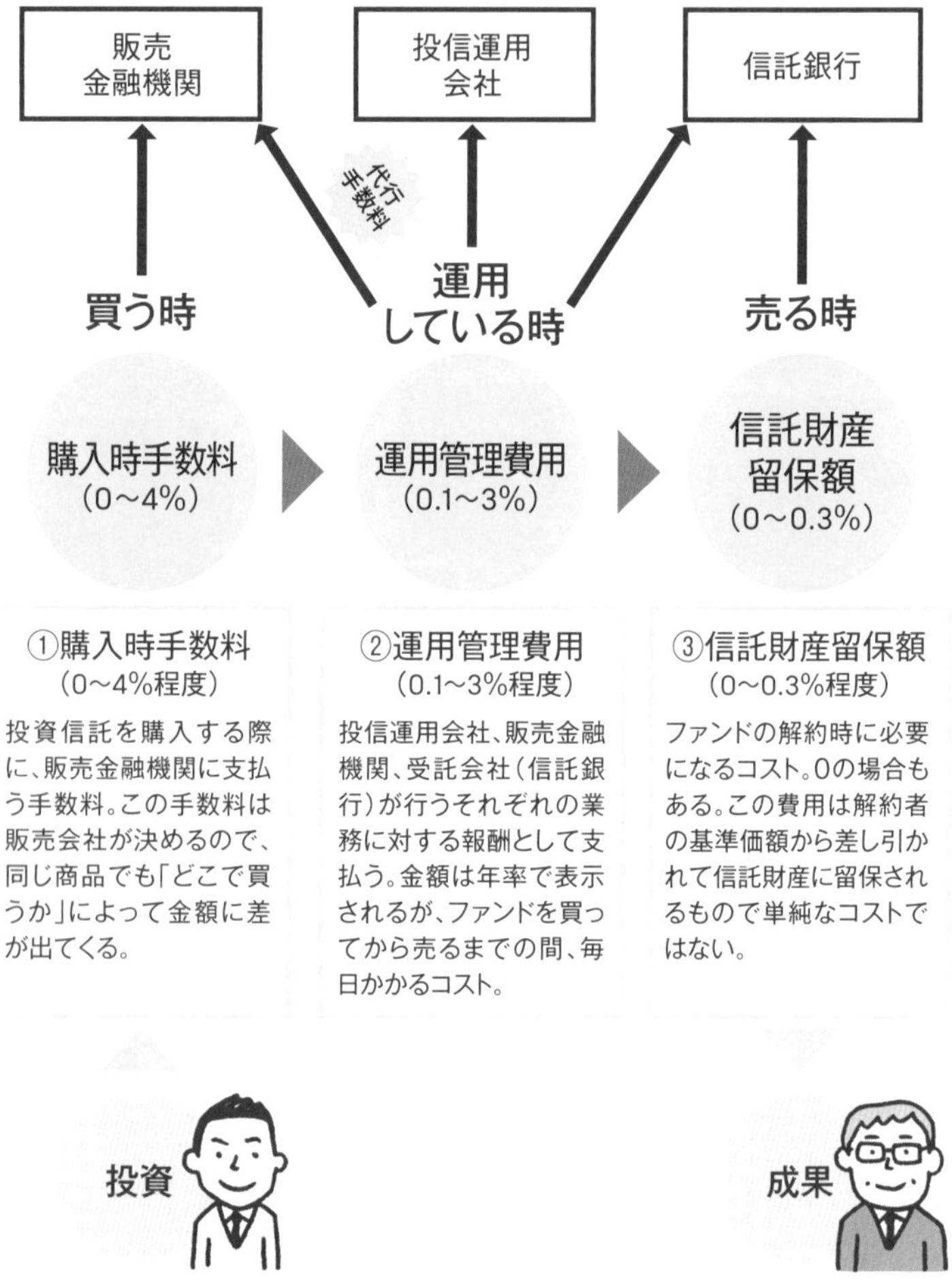
販売
金融機関
投信運用
会社
信託銀行
代行
手数料
買う時
運用
している時
売る時
購入時手数料
（0～4%）
運用管理費用
（0.1～3%）
信託財産
留保額
（0～0.3%）
①購入時手数料
（0～4%程度）

投資信託を購入する際に、販売金融機関に支払う手数料。この手数料は販売会社が決めるので、同じ商品でも「どこで買うか」によって金額に差が出てくる。
②運用管理費用
（0.1～3%程度）

投信運用会社、販売金融機関、受託会社（信託銀行）が行うそれぞれの業務に対する報酬として支払う。金額は年率で表示されるが、ファンドを買ってから売るまでの間、毎日かかるコスト。
③信託財産留保額
（0～0.3%程度）
ファンドの解約時に必要になるコスト。0の場合もある。この費用は解約者の基準価額から差し引かれて信託財産に留保されるもので単純なコストではない。
投資
成果

ですが、通常、銀行や証券会社などの金融機関で購入するものは、運用開始時点で2%、あるいは3%を差し引かれます。

これは、運用するうえでも非常に大きな問題です。たとえば1万円を投資するとして、仮に購入時手数料が3%だとすると、9700円からの運用スタートになるわけです。当然、投資元本が目減りしているため、まずはそれを取り戻すための運用が必要ですし、投資元本が小さくなった分、1万円まで戻すのにも時間がかかります。投資効率が大幅に低下してしまうのです。

また、まとまった金額で購入する場合には、かなりの金額を最初に手数料として支払わなければならないのです。

購入者には一見分からない「代行手数料」

新NISAのつみたて投資枠では購入時手数料がかからない「ノーロード」の投信に限定されているのですが、通常の少なからぬ商品において、たとえノーロードだったとしても投信運用会社から販売金融機関へと支払う「代行手数料」が厚めに設定されていて、販売金融機関が購入時手数料を取れない分が一定期間でカバーされるようになっているケースが見られます。

「運用管理費用」というのは、投資信託を保有している限り、投資家（受益者）がずっと負担し続けるコスト（詳細は127ページ）ですが、この運用管理費用に「代行手数料相当分」という、得体の知れないコストが組み込まれているのです。

「代行手数料」は、投資家（受益者）に対して分配金や償還金を支払ったり、運用報告書を交付したりするなどの事務手続きのメンテナンスフィーという意味です。平たく言うと運用管理費用から信託銀行に支払う受託フィーを除いた分は、投信運用会社と販売金融機関で按分するという商慣習が業界では定着しています。販売金融機関にとっては、購入時手数料のほかにもうひとつ収益源があるということ、ないしはノーロードの場合は販売金融機関にとっては代行手数料が唯一の手数料収入になるわけです。

とはいえ、投資信託を運用している投信運用会社の取り分よりも、販売金融機関が取る代行手数料のほうが高い料率になるケースもあるというのは、どう考えてもおかしな話です。投信運用会社と販売金融機関の力関係を見るような気がします。
日本の投資信託業界においては、投信運用会社よりも圧倒的に販売金融機関のほうが力が強いのです。

長期投資向きの投信が日本で育たないのは、販売金融機関の力が強すぎるから

そもそも90年代半ば、外資系投信運用会社がこぞって日本に進出してきた時、彼らが何をしたかというと、販路を少しでも増やそうとして、販売金融機関に支払う代行手数料を厚くしました。

その結果、世間はデフレでどんどんモノの値段が下がっていたのに、なぜか投資信託のコストは上昇傾向をたどりました。これも、やはり販売金融機関の力がいかに強いかを示しています。

私は、正直なところ、長期投資向きの投資信託が日本で育たない原因は、この販売金融機関の力が強すぎるからだと思っています。次から次へと窓口でのおすすめによ

図3-3 運用報告書に記載されている運用管理費用の例

項目	第○×期～第△×期	
	金額	料率
運用管理費用	25円	0.68%
（投信会社）	（10）	（0.270）
（販売会社）	（14）	（0.392）
（受託会社）	（1）	（0.026）

販売会社のほうが手数料を高く取っている場合もある!

って乗り換え商いが行われ、その結果、個人の投資信託の平均保有年数は極めて短くなり、割高なコスト負担を強いられることになる。これらの問題点は、すべて販売金融機関の力が強すぎることで生じていたことが多かったのではないでしょうか。

代行手数料は、投資信託によって違います。問題はどのくらいの料率を取っているのかということです。

これは、分かりづらいのですが、決算時に発行される運用報告書に記載されている1万口あたりの費用明細を読むと、運用管理費用の割合が記載されているので、それをチェックしてみてください。投信運用会社、受託銀行の運用管理費用率、そして販売金融機関の代行手数料の料率が、それぞれ明記されています（**図3-3**）。大体において投信運用会社の取り分より販売金融機関の代行手数料のほうが大きい投資信託は、販売金融機関で企画された商品とみなすことができるので、そもそも投資対象から排除してもよさそうです。

持っている限りずっと支払い続ける「運用管理費用」

次は「運用管理費用」について説明します。

運用管理費用というのは少し前まで「信託報酬」と呼ばれていたものです。これは、投資信託を運用する投信運用会社、投資信託の資産を管理する受託銀行、そして販売金融機関の3社が受け取ることのできる報酬です（このうち販売金融機関が受け取る分は、前述した「代行手数料」と呼ばれるものです）。

運用管理費用は、まさに投信運用会社にとっての「食い扶持《ぶち》」です。インデックス運用とアクティブ運用で大きく水準は異なりますが、年率は大体0・1〜3%程度で、それが投資信託の信託財産から日々、差し引かれていきます。

信託財産というのは、皆さんが保有している投資信託に組み入れられている株式や債券などの組入資産を指しています。

たとえば、運用管理費用率が年1%だとしましょう。信託財産の現在額がいくらなのかを示すのが「純資産残高」ですが、仮にその額が年間平均残高で100億円だとしたら、1年で1億円、500億円なら5億円の運用管理費用が、ファンドの運用・管理にかかわっている関係各社に配分されることになります。

運用管理費用の高さと成績の良さは、全く関係がない

運用管理費用率は、投資信託によってさまざまです。では、そのコストが高いほど成績がいいのか、という疑問をお持ちの方もいらっしゃるでしょう。

「より高いコストを払っているのだから、より良いサービスを受けられて当然」と思うのは、自然だと思います。

でも、それは投資信託には全く通用しません。

投資信託としての一番のサービスは、やはりしっかりした運用成績を投資家に提供することだと思います。

しかし、運用管理費用率の高いファンドが、常に高い運用実績を上げることができるという相関関係は、どこにもありません。

なぜなら、投資信託の運用先が、株式市場や債券市場などのマーケットだからです。マーケットの行方が将来、どうなるのかということを、事前に把握できるファンドマネジャーなど、絶対に存在しません。未来は誰にも予測できないからです。

高額報酬を支払って、世界でも有名な極めて優秀な能力を持った運用者を雇ったり、非常に高価な運用システムを導入したりしても、それが高い運用成績を保証するものではありません。

どんなに優秀なファンドマネジャーでも、常にトップクラスの運用成績を維持できる人はいないものです。過去に、ノーベル経済学賞を受賞した人たちが中心となって構築した運用システムを持つヘッジファンドが、通貨危機の影響で破綻したことがありました。どんな実績があっても常に勝てるものではないということが、想像できると思います。

優れた運用者、優れた運用システムに高額な資金をつぎ込めば必ず勝てる、という保証があるならば、そのコスト負担のために運用管理費用率を高く設定した投資信託があったとしても、それは容認できます。

でも、現実は、いくらそのようなものに高いコストを払ったとしても、必ず優秀な成績を出せるとは限りません。つまり、運用管理費用率の高い投資信託が、必ず優秀であるとは言えないのです。

ただ、そうなると、「高い運用管理費用は何の意味があるのか？」という疑問が浮かんでくるでしょう。

極端に高い運用管理費用率は、「百害あって一利なし」

はっきり申し上げます。投資信託の保有者にとって、運用内容に鑑《かんが》みて極端に高い運用管理費用率は、「百害あって一利なし」です。

投信運用会社は、親会社である販売金融機関から「高い代行手数料が入らないと売ってあげないよ」という無言の圧力を受けてきました。そして、現状でも投資信託のマーケットというのは「いいもの」が売れるわけではなく「販売力」の強いものが売上の上位を占めています。

販売金融機関の意向に投信運用会社が「言いなり」という姿勢が、代行手数料を高くする原因になっているのです。

投資信託の運用で一番苦労するのは、投信運用会社です。

そうであるのにもかかわらず、なぜか販売金融機関が受け取る報酬のほうが、投信運用会社が受け取る報酬よりも高かったりする場合があります。これは、本当におかしな話です。おそらく、この理由を合理的に説明できる販売金融機関はないでしょう。

また、前述したように、購入時手数料を取らない「ノーロード」ファンドに至っては、わざわざ代行手数料分を厚くすることによって、販売手数料が入ってこない分をカバーしているものもあります。

こうした事実からも、極端に高い運用管理費用には何の意味もないと断言できるのです。

運用管理費用率が高いからといって、優良なサービスが受けられるという保証はどこにもなく、しかも運用には何の関係もない販売金融機関の取り分が多いために、運用管理費用率が跳ね上がってしまうのです。そうである以上、投資家が支払う運用管理費用が非合理に高い投資信託をわざわざ選ぶ必要はありません。

長期投資をするならば、運用管理費用率の差が成績に直結する！

そもそも投資信託を用いて長期投資をする場合、高い運用管理費用率は最終的な手取り収益に大きな影響を及ぼします。

簡単に比較してみましょう（**図3-4**）。

たとえば、年5%のリターンが期待できる2つの投資信託があったとします。投資信託（A）の運用管理費用率は2%、投資信託（B）のそれは1%だとしましょう。そして、手持ちの100万円を30年間運用します。この場合、30年後にそれぞれの資産総額が税引き前でどのくらいになるのかを計算すると、次のようになります。

図 3-4　コストが1%違うと長期投資では大きな違いに!

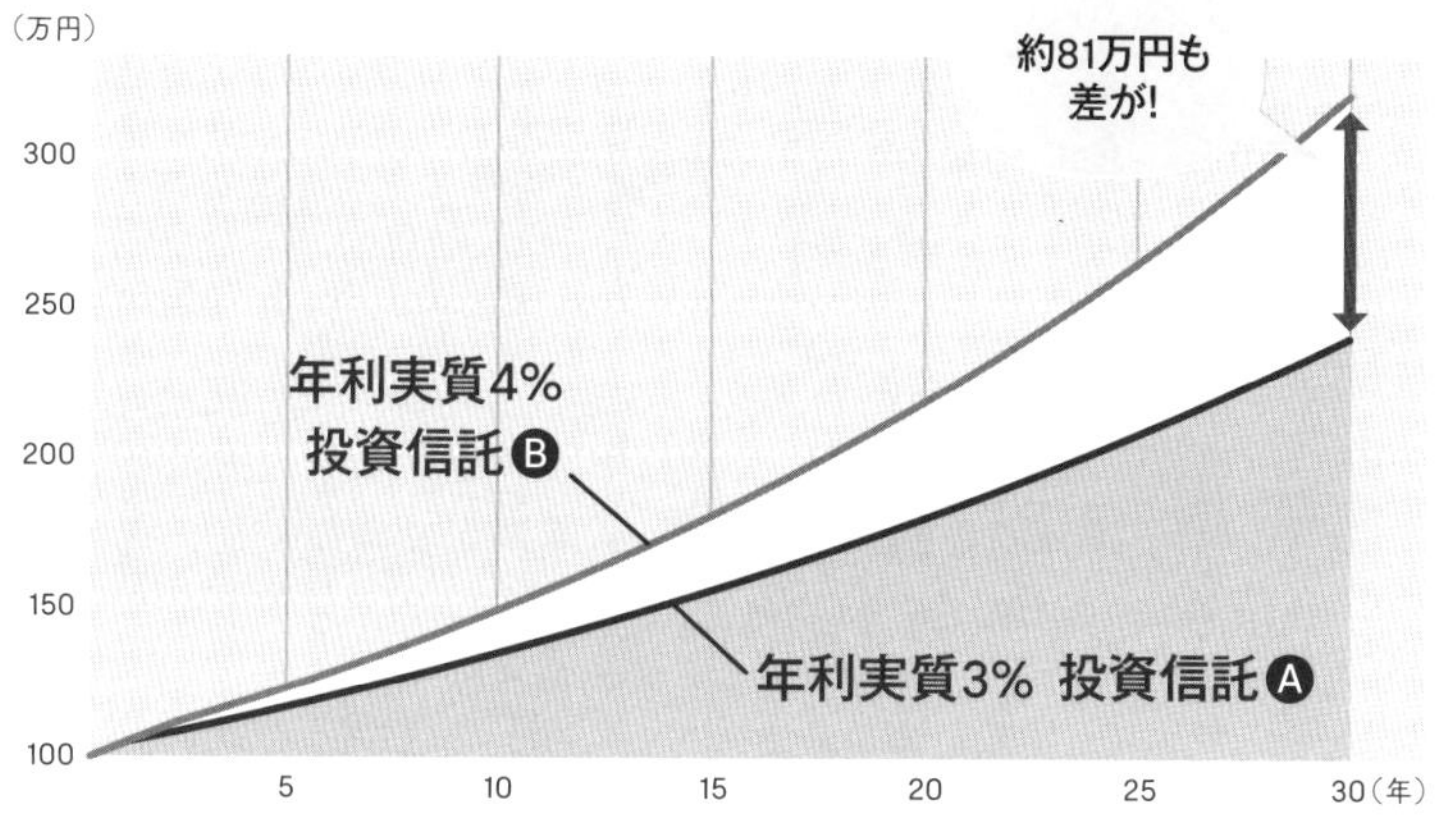

投資信託（A）＝242万7262円
投資信託（B）＝324万3398円

どうですか。わずかに年1%の差しかないのに、30年間も運用を続けると、資産総額に81万円以上の差が生じてしまうのです。

よく、運用管理費用率の高低については、次のようなことを言う方がいます。

「別に年2%の運用管理費用率でも、運用が好調で年30%のリターンが得られれば、1%程度の差に目くじらを立てる必要はどこにもない」

確かに、年30%ものリターンが確実に得られるのであれば、1%の差などは大したことはないのかもしれません。

でも、長期で常に30％のリターンが得られる保証はどこにもありません。1年で30％ものリターンが得られるようなファンドというのは、基本的に非常に高いリスクを取って運用していると考えることができます。場合によっては、マイナス30％になることもあるということです。リターンが大きく下がった時も1％の差は大したことがないと、胸を張って言えるでしょうか。

この本の目標である年6％程度のリターンを狙うというのであれば、運用管理費用率の1％の差というのは、非常に大きくなります。

これは、多くのファンドマネジャーが口を揃えて言うことですが、運用でリターン率を1％向上させるためには、それはもう血のにじむような努力が必要だということです。しかし、コストとなる費用を抑えることは、投資信託を選ぶ際に確認すれば誰にでもできることです。

だからこそ、投資信託を選ぶ時には、しっかり運用管理費用率を比較して、商品内容によって適正な水準の投資信託を選ぶことが大切なのです。

「信託財産留保額」はコストであってコストではない

　では、次に解約時にかかる手数料を見ていきましょう。「信託財産留保額」です。

　基本的に投資信託は、購入する際に購入時手数料を取られますが、「解約手数料」を取るものはほとんどありません。数少ない例外としては、長期公社債投信という公社債型投資信託の中に、解約手数料を取るものもあるというくらいでしょう。

　ちなみに同ファンドは、超低金利の長期化によってリターンがほとんど期待できないほど低いものになったため、今では全く人気のない商品になっています。

　現時点で解約手数料を取る投資信託は、このようなタイプのみですが、そう言うと、「いや解約時に『信託財産留保額』という手数料を取るファンドが結構あるんだけど……」という反論が返ってきそうです。

　確かに解約時にかかる手数料として「信託財産留保額」というものがありますが、厳密に言うと、信託財産留保額は手数料ではありません。購入時手数料や解約手数料などの手数料は、すべて販売金融機関が受け取るものです。つまり、投資信託の保有者は損をし、販売金融機関は得をするという構図です。

これに対して信託財産留保額は、販売金融機関が受け取るものではありません。もしあなたが投資信託を解約した場合、その際に支払った信託財産留保額は、あなたが解約した後も投資信託を保有し続ける投資家に残されるのです。

信託財産の現金化に必要なコストは、ファンドを保有している人たちが負担する

もう少し具体的に説明しましょう。

あなたが保有している投資信託を解約しようとします。実際に、解約注文を出して、それが執行されました。「この投資信託を100口分解約してください」というオーダーが、販売金融機関から投信運用会社に伝えられます。すると投信運用会社は投資信託に組み入れられている株式や債券などの一部を市場で売却し、100口分の解約に必要な現金を作ります。

投資信託に組み入れられた株式や債券を売却するにあたって、投信運用会社は、その注文を信託銀行に出します。当然、そこで信託銀行は、投信運用会社から来た売却

注文を証券会社につなぐわけですが、ここでいくばくかの取引手数料が発生します。問題は、その手数料を誰が負担するのか、ということです。

投資信託では、組入資産の売買にかかったコストは、信託財産から支払うことになっています。つまり、投資信託に解約が生じて、信託財産の一部を現金化する際に必要なコストは、解約を申し出た投資家ではなく、現時点でファンドを保有している人たちが負担することになってしまいます。

そこで投資信託から出ていく人にも、解約にかかったコストを負担してもらおうということで設けられたのが、信託財産留保額という制度なのです。

信託財産留保額は販売金融機関が受け取っているのではありません。投資信託を解約した投資家から徴収したものを、投資信託の信託財産に残しておくのです。

ですから、自分が解約する際にはもちろん支払いますが、投資信託を保有している間は、他の人が解約したことで受け取っている面もありますから、有利か不利かというと、そのどちらでもない、中立要因といってもいいでしょう。

とはいえ、やはり表層的に見れば、投資家にとっては「コストのようなもの」と感じられるのは事実のようで、これが、投資信託の安易な解約を抑える力として作用しているのです。

信託財産留保額の料率は、通常0・1～0・3％程度と極めて低いものですが、その存在に気がつくと、誰もやはり負担したいと思わないからなのでしょう。信託財産留保額が0％という投資信託もあります。

したがって、これは投資信託を運用している投信運用会社の、投資家や投資信託に対する哲学というか、スタンスというものが表れると言ってもいいでしょう。

信託財産留保額は、お互いに負担しあうものであり、むしろ長期保有を促すうえでは有用なしくみだと私は考えています。

つみたて投資枠の対象ファンドのコストはどうなのか？

新ＮＩＳＡのつみたて投資枠の対象ファンドは、コスト面の条件があります。まず、購入時手数料ゼロ（ノーロード）の投資信託しか、対象となりません。

加えて運用管理費用の料率にしても、一般の課税口座で購入する投資信託に比べて、格段に安くなっています。たとえば指定インデックス投信の運用管理費用は、年0・2%前後のものもあれば、年0・6%程度のものもあります。

いずれにしても、日本の投資信託の中では、破格の低さです。

あるいはアクティブ投信の料率を見ても、一部に年1%超のコスト負担があるものもありますが、おおむね1%前後というところです。国内資産の投資信託は1%以内、海外資産対象のものも上限が1・5%で、相対的には十分適正な水準に条件が抑えられています。

逆に、購入時手数料が取れず、かつ代行手数料も低率にせざるを得ないため、つみたて投資枠は、販売金融機関にとって、実に儲からない制度ともいえます。

基本的に投資信託を買う時は、販売金融機関の窓口のアドバイスはうのみにしないスタンスでちょうど良いと思います（140ページ**図3-5**）。

販売金融機関は基本的に手数料商売ですから、手数料の稼げるような投資信託を売りつけようとします。

本来、販売金融機関側が、きちんと知っておくべき顧客サイドの情報があります。それは、どこまでリスクを負えるのか、どういう運用をしたいのか、年収がいくらな

図 3-5　窓口のアドバイスはうのみにしない!

のか、どのような資産を保有しているのかという情報です。しかし売る側にとっては、それ以外にも注力しなければならないことがあります。

顧客に合った投資信託を勧めるのもさることながら、とにかく自分たちが今、売らなければならない商品を勧めてくるのです。ですから、その口車にいちいち乗せられていたら、いつまで経っても資産を増やすことはできません。

インターネット証券に口座を作る

つみたて投資枠の場合、そもそも販売金融機関が積極的に扱っていないので、彼らにとって有利なように、手数料などの高い投資信託に誘導しようというインセンティブがほぼ働きません。

ですから、それほど心配する必要はないのですが、したたかな販売金融機関になると、つみたて投資枠はあくまでも口座を作らせるための呼び水で、結局はつみたて投資枠以外をおすすめされ、手数料がやたらと高い商品を購入してしまった……というケースも出てくるでしょう。

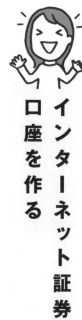

そう考えると、つみたて投資枠だけで今後の資産運用を考えているのであれば、銀行や証券会社ではなく、インターネット証券に口座を作るのが合理的な選択になるでしょう。

ちなみに、直接販売している投信運用会社は、他のいろいろな商品を販売している販売金融機関のように、さまざまな種類の投資信託や外国債券、仕組債といった金融商品を扱うことができません。直接販売しているのは、あくまでも自分たちが運用している投資信託のみです。

取扱商品が自社のものに限定されるため、新NISA口座の対象になりにくくなってしまいました。新NISAのしくみは今後、こうした業界構造を大きく支えていくことにもなりそうです。

インデックス運用 vs アクティブ運用

次に運用スタイルの説明をしましょう。投資信託の運用スタイルは大きく分けて、インデックス運用とアクティブ運用に二分されます（144ページ図3‐6）。

つみたて投資枠で言えば、「**指定インデックス投資信託**」と「**指定インデックス投資信託以外の投資信託（アクティブ運用）**」であり、おそらくそのどちらにしたほうがいいのかという点については、多くの方が悩むところだと思います。

何が違うのか、ということですが、インデックス運用はあくまでも東証株価指数

（TOPIX）など市場平均への連動を目指す運用を行うもので、インデックス運用以外、つまりアクティブ運用は市場平均プラスαの運用成績を目指して運用されます。

言い方を変えると、インデックス運用は偏差値50を目指します。つまり、最初から平均点を狙って運用されます。負けない、競わない、市場の波に乗る運用が、インデックス運用です。

これに対してアクティブ運用は一般的には、「ベンチマーク」と呼ばれる目標値を設定し、それに勝つような運用を目指します。ベンチマークというのは、たとえば日本株式で運用するアクティブ運用のファンドだったら、日経平均株価や東証株価指数などが、それに該当します。そして、たとえば日経平均株価が10％値上がりしたとしたら、それを1％でも、2％でも上回るように運用します。ベンチマークを競争相手にして、それに勝つかどうかを競うのです。

逆に、投資信託の運用成績がマイナスになったとしても、ベンチマークのマイナス幅よりも小さく抑えることができれば、それはアクティブ運用のファンドマネジャーとしては高く評価されます。また、厳選投資型の本格アクティブ運用では、ベンチマークを持たず純粋に絶対リターンを追求するものもあります。

図 3-6　インデックス運用とアクティブ運用のイメージ図

インデックス　ベンチマークと連動

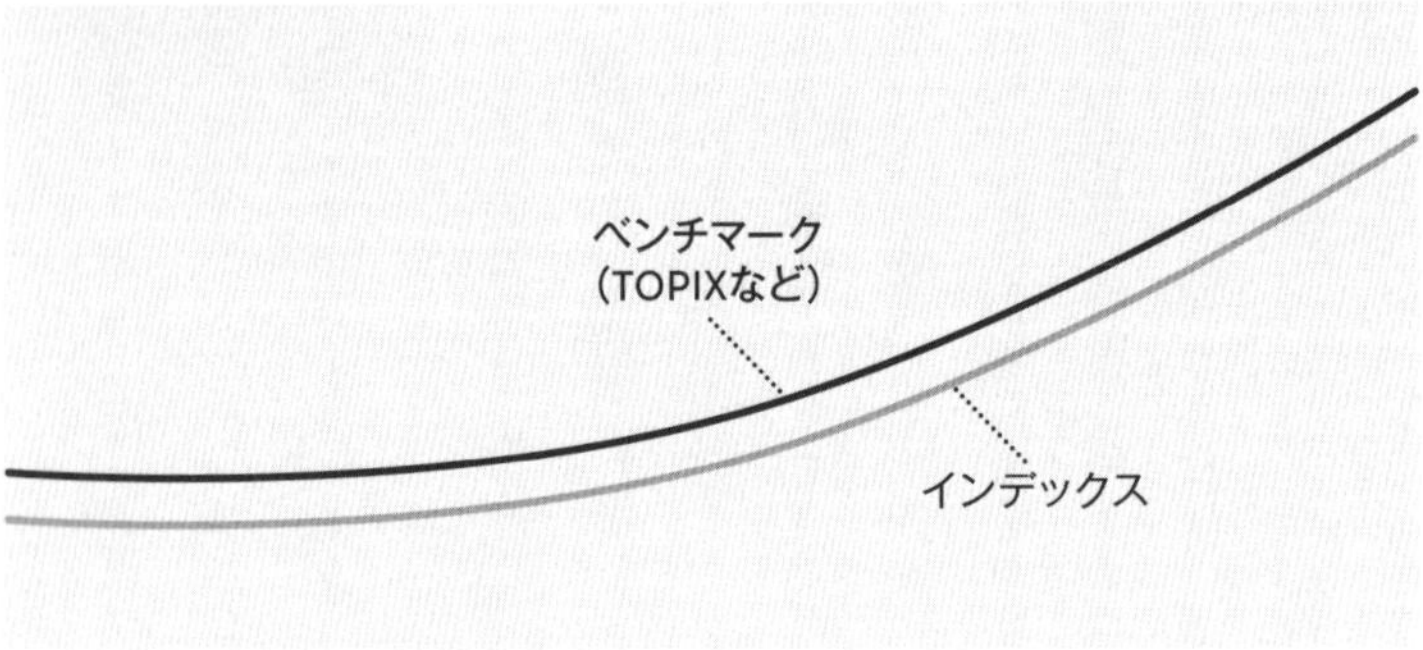

アクティブ　ベンチマークより上を目指す

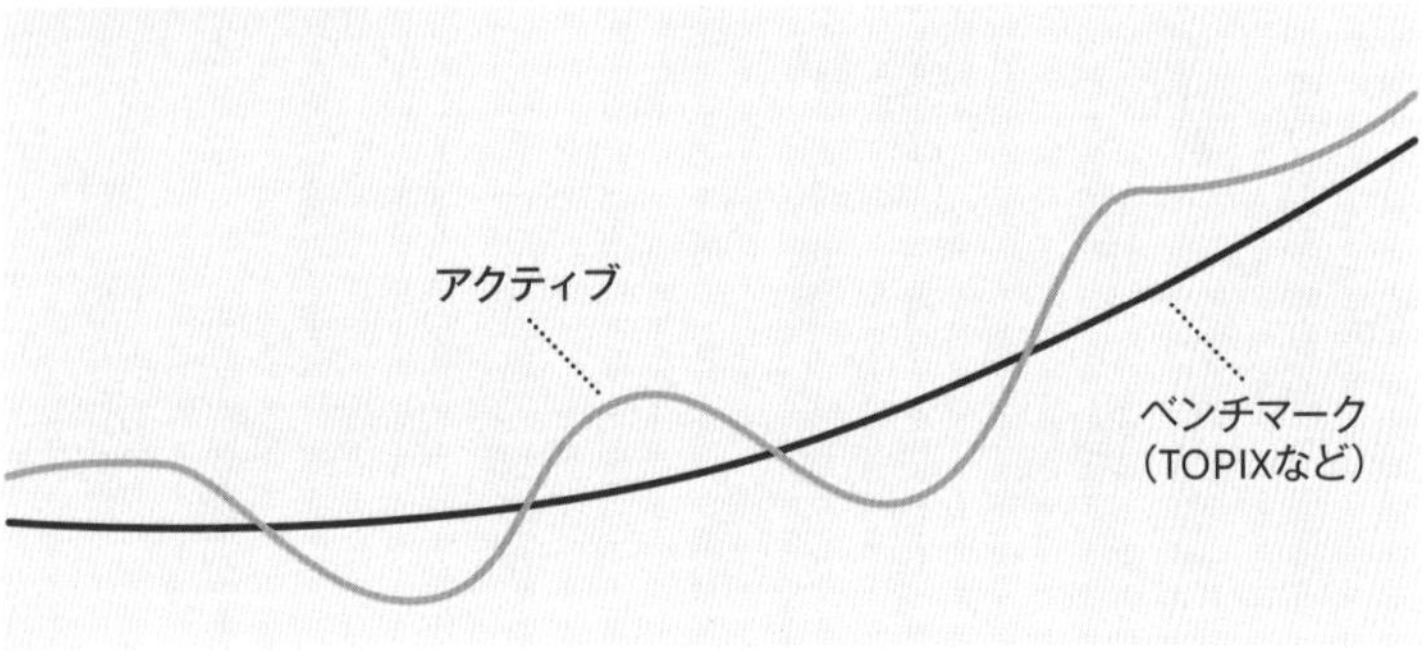

図3-7 インデックス運用とアクティブ運用の主なメリットとデメリット

	メリット	デメリット
インデックス	コストが安い	市場平均を超える パフォーマンスは期待できない
アクティブ	市場平均を大きく超える パフォーマンスが期待できる	コストがインデックスと 比べて高い

▼

組み合わせれば「いいとこ取り」ができる可能性あり!

さて、インデックス運用とアクティブ運用のどちらが有利なのでしょうか（**図3-7**）。これについてはさまざまな議論がありますが、過去のデータ上で長期的なリターンを見る限りでは、**低コストのインデックス運用に分があります。**つまり長期投資を行う場合、アクティブ運用を選択するならば、しっかりと長期にわたって信頼できるファンドを見つけだすことが何より大切でしょう。

とは言え、これは、どちらがいいという問題ではなく、両方ともそれぞれに良い面、悪い面があります。**インデックス運用の場合、平均点を取る「負けない」運用は可能なのですが、市場平均を超え**

るリターンを得ることはできません。

たとえば株式と債券を50対50の比率で組み合わせたバランス型のインデックスファンドがあるとしましょう。

基本的に景気が良い時は株価が上昇しますが、景気が後退局面にある時は、株価が下がる反面、債券価格は金利の低下を受けて値上がりする傾向があります。つまり、株式と債券を50対50の比率で組み合わせることによって、景気が良い時と悪い時とで運用成績が大きくばらつくのを避けるマイルドな値動きを志向しています。これだとリスクを抑えた運用ができる反面、景気の良い時の株価上昇メリットも、抑制気味になってしまいます。

そうした値動きの幅を抑えたバランス型ファンドは、言わば〝足るを知る〟おとなしいリターンしか期待できない万人向けポートフォリオなのです。

一方、本源的事業価値を有する企業の株式を厳選して保有するアクティブ運用なら、長期的に市場平均を上回るリターンを十分実現できるとの観点で、投資先企業を厳選するタイプのアクティブ型株式運用の投資信託もあります。アクティブ運用ならば、そうした真っ当な長期視点の理念を持つファンドを選択することが肝心です。

ファンド・オブ・ファンズとは何か？

投資信託は、基本的に株式や債券などを組み入れて運用しますが、なかには「ファンド・オブ・ファンズ」といって、株式や債券の代わりに、さまざまな投資信託を組み入れて運用するタイプの投資信託があります（１４８ページ**図3-8**）。

さまざまな投資信託（ファンド）を組み入れて運用するファンドなので、「ファンド・オブ・ファンズ」という名称が付けられています。

ファンド・オブ・ファンズという形態は、実は極めて理にかなった素晴らしいしくみで、国際的にも極めてメジャーな形式です。

ファンド・オブ・ファンズの魅力は、何といっても高い分散投資効果が期待できることです。

たとえば、１００銘柄に分散投資している投資信託を購入した場合、自分で１００銘柄に分散投資しているのと同じ投資効果が得られるわけですが、ファンド・オブ・

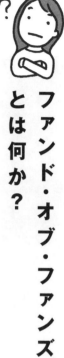

図3-8　ファンド・オブ・ファンズのしくみ

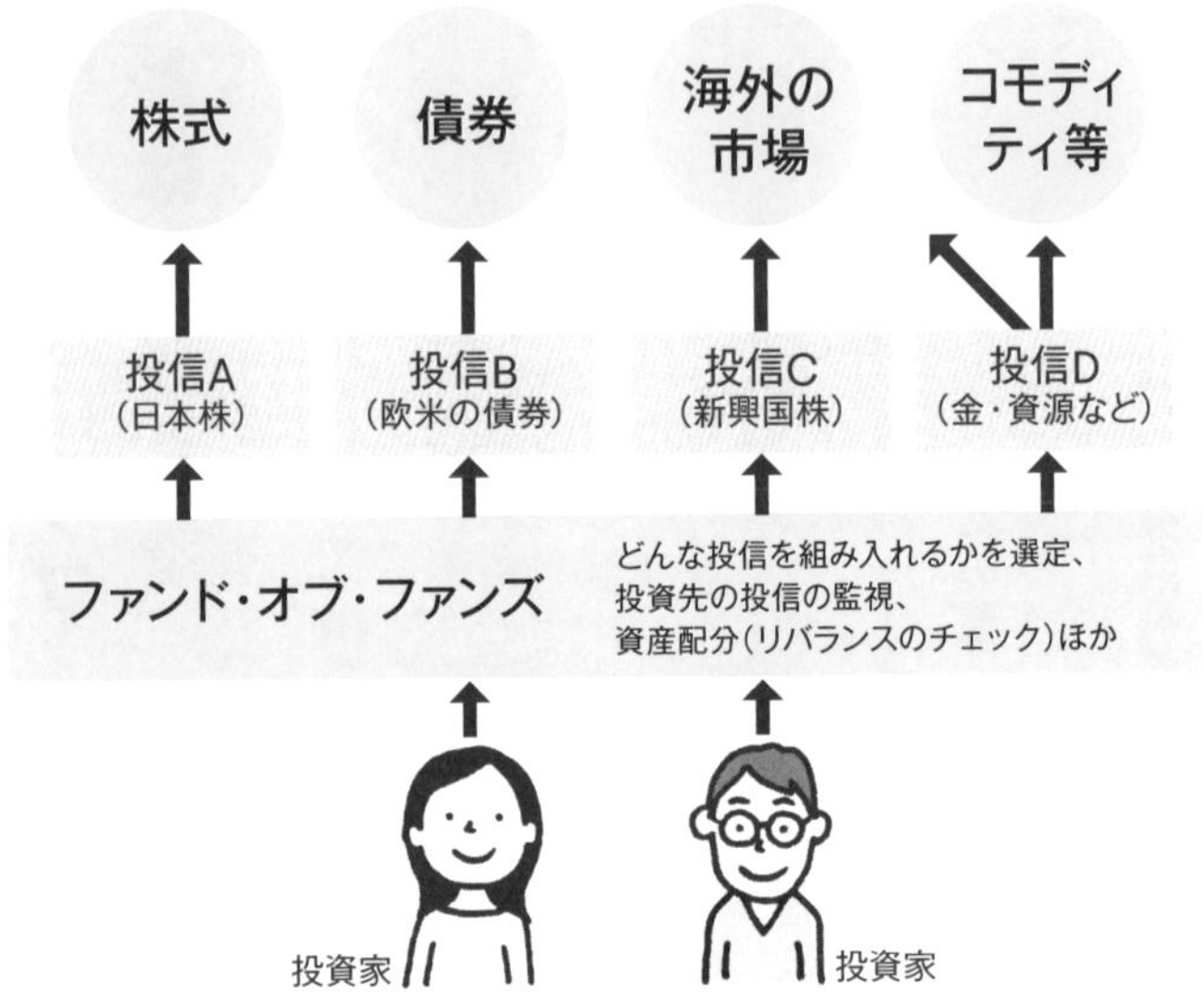

ファンズは、このようにたくさんの銘柄に分散投資しているファンドに分散投資しますから、さらに分散投資効果は高まります。

仮に、100銘柄を組み入れて運用している投資信託5本に分散投資しているファンド・オブ・ファンズなら、1本購入するだけで500銘柄に分散投資しているのと同じ投資効果が得られるのです。

また、運用効率の面でも有効です。たとえば非常に規模の大きな運用会社であれば、自社で米国や欧州、アジアなどに拠点を置き、スタッフも常駐させてリサーチを行い、ファンドを運用するということもできますが、それを実現させるためには、莫大な経費がかかります。

たくさんの投資信託を運用し、年金の運用も行い、規模を追求するために銀行や証券会社などの販売金融機関を通じてどんどん売ってもらうようにすれば、そういう体制を敷くことも可能ですが、それは私が考える投資信託のあり方とは、相容《あいい》れないものです。

また、すべてを自社で抱え込もうとすると、どうしてもコストが割高になるので無理な販路拡大をしてしまいがちですし、それは結局のところ、ファンドを買ってくださっているお客さまのためになりません。

だから、たとえば欧州のポートフォリオでとても優秀な運用を行っている運用会社があったら、そこの商品を組み入れる。米国やアジアについても同じように組み入れる、というようにしてファンド・オブ・ファンズを組成するというのは、実に理にかなったものだと思うのです。

ファンド・オブ・ファンズの注意点

ただし、ファンド・オブ・ファンズには、注意点もあります（**図3‐9**）。

これはよく指摘されるのですが、手数料が二重取りになっているのではないかということです。確かに、投資信託を組み入れて運用する投資信託ですから、運用管理費用などが二重取りになるというイメージがつきまとうのは当然でしょう。ファンド・オブ・ファンズの運用で運用管理費用が取られ、さらに投資先のファンドでも運用管理費用が取られるという構造です。

でも、これはよく運用管理費用率を比較していただきたいと思います。中には、さまざまな投資信託に投資していながら、運用管理費用率をできる限り抑えているものもあるのです。ファンド・オブ・ファンズを購入するのであれば、運用管理費用率を無意味に割高に設定していないものを見つけることが大切です。

そして、もうひとつ注意しなければならないのが、全く意味のない分散投資を行っているファンド・オブ・ファンズがあることです。

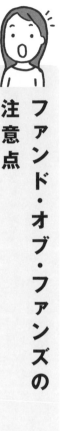

図3-9 ファンド・オブ・ファンズの注意点

注意点	どうすればいい？
運用管理費用率が高いものがある コストが二重にかかるため運用管理費用が高め	**運用管理費用率は低いものもあるので、他と比較する**
中身に意味がないものがある 中身がTOPIXと変わらないような日本株のファンド・オブ・ファンズ 成績の良くないファンドを系列会社だから組み入れているなど	**どんなファンドを組み入れているのかを知る**

たとえば、ファンド・オブ・ファンズのしくみが認められた当初、ある大手投資信託会社が設定・運用していたのは、複数の日本株ファンドに分散投資するというものでした。

それぞれの日本株ファンドの中身をみると、かなりの会社が重複しており、分散効果があるとは思えない状態です。

同じ資産クラス（日本株だけ、または外国債券だけなど）で運用するファンドの場合、運用方針や運用能力の違いによって得られる分散投資効果は、極めて微細なものです。

つまり、ファンド・オブ・ファンズの意味がないということになります。

また、あまりにも多数の投資信託に分散してしまい、これらの投資信託に分散している理由が全く不明になってしまっているようなものもあります。

こうなると、もうどこで分散投資効果を計測しているのかも分かりません。

確かに、ファンド・オブ・ファンズは分散投資効果をより高いものにするという狙いで運用されていますが、その中でも組み入れているファンドの選定理由と組み合わせているポートフォリオの理念が明確なものを選定しましょう。

重要なのは、きちんと「ファンドの入れ替え」をしているか

きちっと運用しているファンド・オブ・ファンズは、投資先となる投資信託の運用状況を常時モニタリングして、成績が振るわなくなった投資信託があったら、他のもっと優秀なものとの入れ替えも行っています。

適宜、こうした見直しが行われているのかどうか、その入れ替えの理由が投資家本位でかつ合理的なものかどうかということも、ファンド・オブ・ファンズを選ぶ際の選択基準になります。日々、投資先となっている各投資信託の運用状況、運用体制、投資哲学に変化はないかどうか、経営者の交代をはじめとして人の異動があったのかどうか、といった点までチェックし、大きな変化があった時は、このまま投資を継続するのが正しいかどうかを吟味します。

加えて、これがつみたて投資枠でバランス型ファンドを買う最大のポイントだと思うのですが、常に組入資産のリバランスを行っているかどうかです（154ページ**図3-10**）。リバランスというのは最初に決定した、組入資産の配分比率にできるだけ合わせていくために、売買を行うことをいいます。

簡単にいえばAの株式ファンド50％、Bの債券ファンド50％の比率だったのに、しばらく経つとAの株式ファンドが好調で、資産価値でみるとA70％、B30％になってしまうケースが多々あります。その場合はAを売却し、その資金でBを購入して、比率を各50％に戻すということです。NISA口座では金額制限があるため、売却して買い直すといったリバランスができません。

ですから、投資信託の運用側のほうで、きちんとリバランスしているものを買うことが大切です。

図3-10 分散投資は、投資バランスを整える「リバランス」が重要

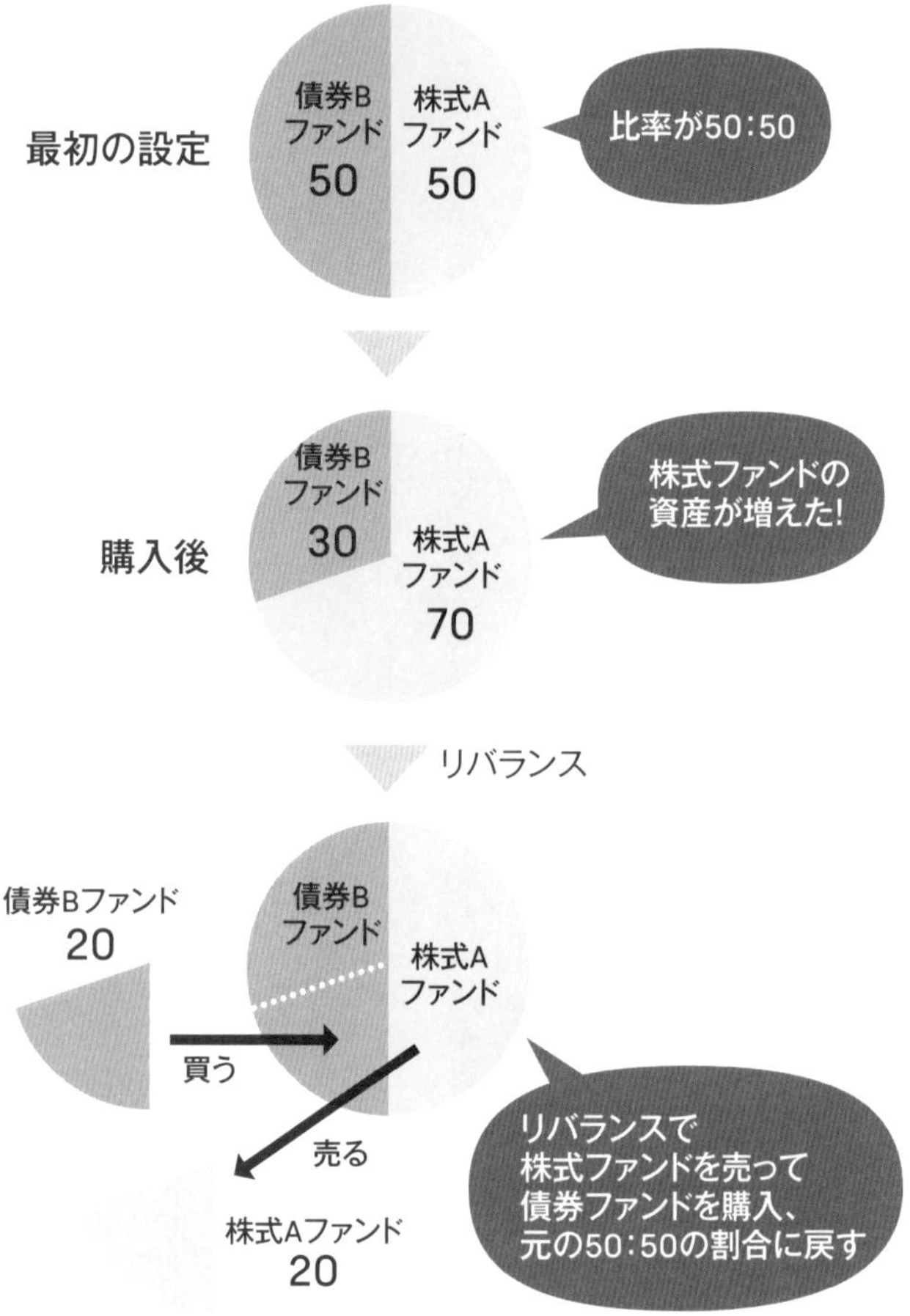

Column

こんな投資信託は買ってはいけない！
②「毎月分配型ファンド」

かつて、個人投資家の間でものすごい人気を博した「毎月分配型ファンド」ですが、すでに新規設定のブームは去ったようです。

この毎月分配型ファンドというのは、その名の通り、毎月決算のある投資信託を購入し、分配金が毎月受け取れるというものです。低金利時代ではお目にかかれないような好配当の分配金（利息と勘違いしていた人が多数いました）がもらえるということで、一時期は残高が多い投資信託の1位から10位がすべて、この毎月分配型ファンドだったということもありました。

しかし、この投資信託の分配金の実態は利息ではありません。運用がうまくいかないと元本から取り出して分配金を支払うのです（156ページ図）。

そんな状況をみて、金融庁も前出の「平成28事務年度金融レポート」において、次のように指摘しています。

図　分配金は利息ではない

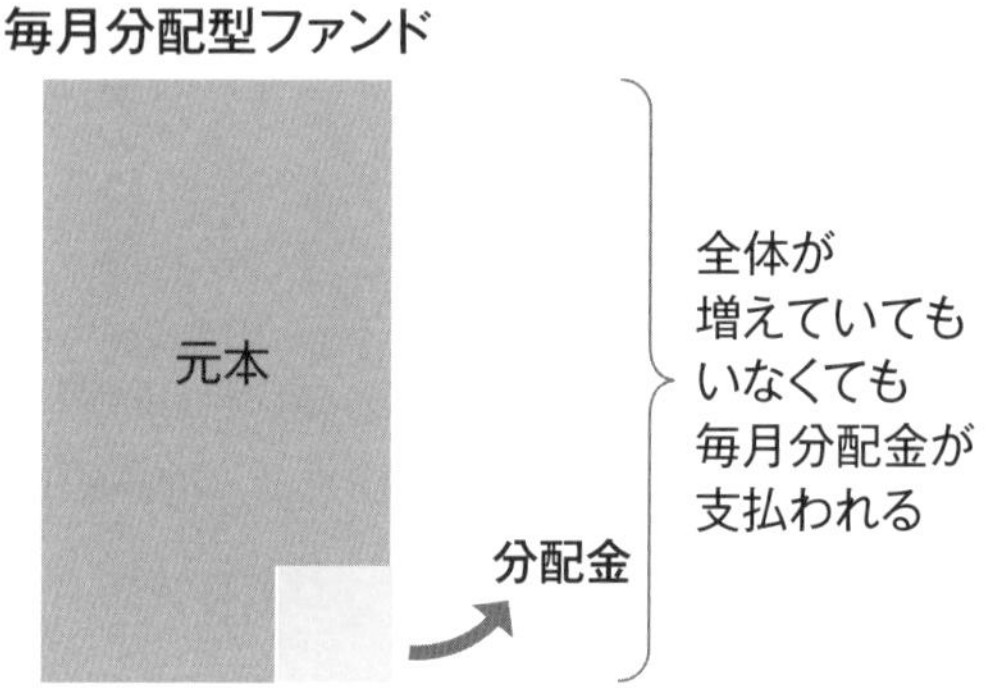
毎月分配型ファンド
元本
分配金
全体が
増えていても
いなくても
毎月分配金が
支払われる

「複利効果が働きにくいことに加えて、元本を取り崩しながら分配される場合には運用原資が大きく目減りして、運用効率を下げてしまうということが問題点として指摘されている。顧客へのアンケート調査結果を見ると、毎月分配型投資信託を保有する顧客のうち、『分配金として元本の一部が払い戻されることもある』ことを認識していない割合は5割弱、『支払われた額だけ、基準価額が下がる』ことを認識していない割合は約5割にも上る」

　つまり「毎月分配型ファンド」は長期的な資産形成には不向き。そして購入している顧客の半数は、この投資信託のしくみをわかっていなかったということです。

そもそも毎月、運用成果の一部を含めて分配を行うわけですから、長期の資産形成においては必須である複利効果は、いっさい期待できません。

毎月分配型ファンドを購入した人は、毎月定期的に受け取れる分配金を見て、着実に運用は成果を上げていると思うわけですが、その分配金の一部が、元本を取り崩すことによって作られているものだとしたら、話は別でしょう。そして、それが現実には横行していたのです。

よく考えてみれば、理論的にはそれは「おかしい」のです。

毎月分配型ファンドの分配金が、純粋に運用収益からなるものだとしたら、なぜ毎月、ほぼ同じ金額の分配金を出せるのでしょうか。毎月分配型ファンドの投資対象にも、当然のことですが、価格変動リスクは存在しています。そうであるにもかかわらず、まるで確定利付きの金融商品のように、毎月ほぼ一定の分配金を出せたのは、元本部分からの補給があったからです。

そして、分配金を払い出してたとえば元本が7000円になってしまった場合と、分配金を払わずに複利で増えた元本1万3000円を運用した場合とを考えてみまし

図　分配金を再投資した場合…

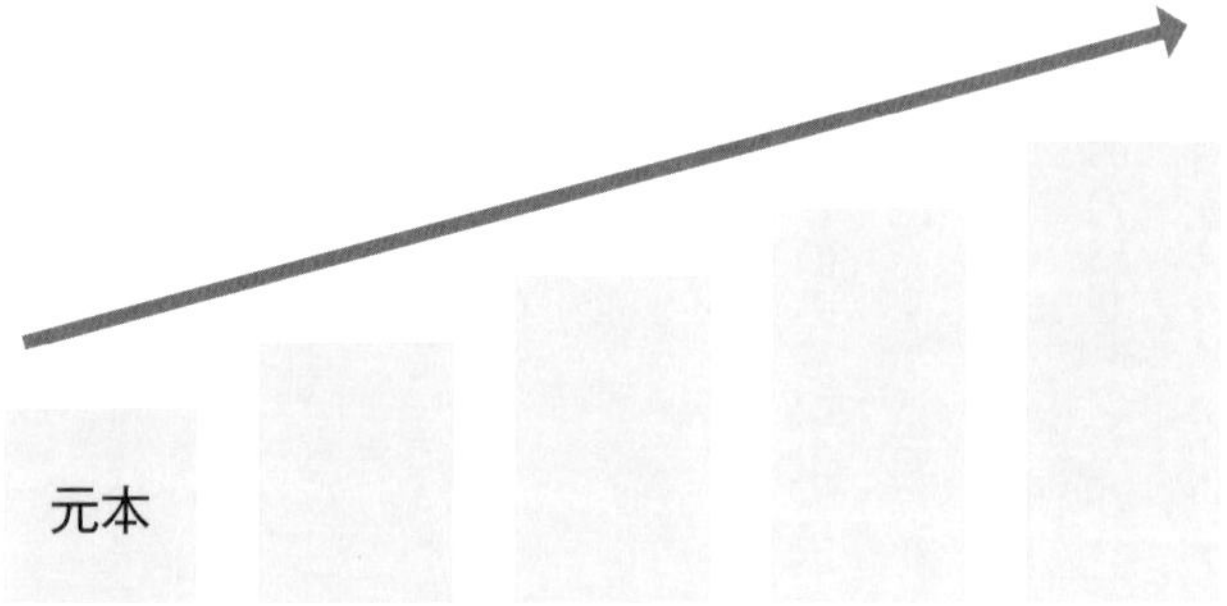

分配金を再投資するファンドなら
利益が利益を生む複利効果で資産を大きく増やせる

ょう。元本が大きいほど低い利回りでもお金は増やしやすいのは分かりますね。

　ですから、毎月分配金を支払う投資信託を購入していたのでは、いつまで経っても資産形成などできるはずもありません。もちろん、新ＮＩＳＡのつみたて投資枠にはこの類の商品は入っていませんし、成長投資枠でも、毎月分配型は対象外になります。

第 4 章

誰も教えてくれなかった！本当にいい投資信託を選ぶ時に大事なこと

買いたいものを決めてから、どこで購入するかを決める

たとえば、時計が欲しいとしましょう。車でもいいですし、洋服でも結構です。とにかく、何か買いたいものがある場合、皆さんはどういう手順でそれを探しますか。おそらく、多くの人は「このブランドの、この時計が欲しい」というように、まず欲しいものを決めてから、それを売っているお店を探すでしょう。

もちろん、たまたま通りすがりのセレクトショップにフラッと入り、ディスプレイを眺めて、気に入ったものを買うというケースもありますが、大概はまず欲しいものがあって、それを扱っているお店を探すはずです。

ところが、なぜか投資信託の場合は逆のケースが大半です。買いたいファンドありきではなく、販売金融機関ありきになるのです。

これから新ＮＩＳＡを始めようと考えているあなたは、どの金融機関に新ＮＩＳＡの口座を開こうと思っていますか。

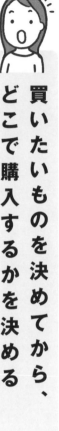

おそらく多くの人は、給料の振込指定先にしている銀行とか、たまたまちょっとした投資をするのに口座を開いていた証券会社あたりで、モノのついでに、新NISAの口座を開いてみようなどと、考えているのではないでしょうか。

このような考え方を持っている人は、出だしからつまずいていると考えてください。

新NISAで買える投資信託は、販売会社によって異なる

新NISAの投資対象のうち、株式はどこの証券会社で購入しても同じですが、投資信託の場合、どの銀行、証券会社でも、すべてを扱っているわけではありません。

新NISA口座は、ほとんどの金融機関で開くことができますが、投資信託は販売会社によって扱っているものが違っているのです。中には複数の販売会社で扱っているものもありますが、特定の金融機関でしか販売されていないものもあります。

そのうえ、つみたて投資枠はノーロード限定なので、販売金融機関にとっては少額投資になることも含め商売の妙味が少ないのです。そのため、とりわけ証券会社は総じて消極的ですし、銀行でも本気で地元の顧客の将来を見据えて誠実に取り組んでい

るところは、決して多くはありません。

ですから「この投資信託をつみたて投資枠で欲しい」と思って窓口を訪れた時に、名前は違うけれども、その欲しい商品と似たようなファンドを勧めるというケースばかりか、つみたて投資枠以外の積立契約に誘導して、購入時手数料を徴収する売れ筋ファンドを買わせる金融機関もあるようです。

話がいささか逸《そ》れましたが、**新ＮＩＳＡを始めるにあたり、真っ先にやっていただきたいのは、自分がどの投資信託で運用するのかを、しっかり考えること**です。

もちろん同時に、自分は値動きのブレにどこまで耐えられるのかといった点も考えたうえで、自分にとって最適な投資信託を選ぶ必要があります。

投資信託を選ぶ際の細かい判断基準については後述しますが、「どの金融機関に口座を開いてＮＩＳＡを始めようか」ではなく、「**欲しいと思っているこの投資信託を売っているのは、どの金融機関なのだろう**」と考えるべきなのです（**図4‐1**）。

図4-1 まずは何を買うか決める!

○な買い方
×な買い方
この投信が欲しい
どこに行って買おうかな?
これを買おう
これがおすすめです

商品を決めてから、どこで売っているかを調べないと、カモにされる!

投資先は「国際分散」を選ぶ

資産運用のリターンの高低は、何によって決まるのかご存じでしょうか。

おそらく多くの人は、「値上がりしそうな銘柄を発掘する力」が大事なのではないかと思っているはずです。ここには、大いなる誤解があります。

実は資産運用のリターンの大部分は、銘柄選別で決まるわけではありません。**最も大事なのは、資産配分（アセットアロケーション）**だと考えています。

投資信託は、本来、長期投資で、経済が成長するところへお金を乗せて（投資して）、増やしていくものです。ですから、非常にざっくり言うと、株式や債券への資産配分比率を、その時々のマーケットの状況に応じて、どのように変えたのかによって、資産運用のリターンが決まってくるのです。

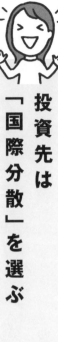

そうなると、私が主張する「国際分散」投資として、世界中に投資する場合、その配分が非常に大事になってきます（**図4-2**）。

実際のところ、最近は、国際分散のポートフォリオを持つ投資信託の新規設定が増

図4-2　最も大事なのは「資産配分」

えています。

つみたて投資枠の対象でも、指定インデックス投資信託207本中、世界中の「株式市場」に分散投資するタイプは66本です。

ほかにも株や債券に分散投資するタイプの投資信託もあります。指定インデックス投資信託207本中95本が、これと同じような複数資産の組み合わせによるバランス型になっています。

国際分散投資の分け方の基準には大きく2つある

では、何を基準にして国際分散投資の比率を決めるのでしょうか。ここには2つの考え方があります。

ひとつは**GDPの規模で決める**、もうひとつは**株式や債券市場の時価総額で決める**、というものです。ちなみにGDPというのは、「国内総生産」のことで、国内総生産は、その国で生み出された「価値」の総額のことです。

両方とも、それなりにまともな国際分散投資のポートフォリオではよく見かける分散のための基準です。個人的にはGDPではなく、市場の時価総額で基本的な投資配分比率を決めるほうがいいと考えています。

なぜなら、GDPの規模で決めようとすると、どうしても新興国への投資配分比率が高くなるからです。何しろ新興国は、どんどん経済が成長していて、GDP値は先進国と比べると軒並み高くなっています。

それに対して、新興国の資本市場は先進国より小さく脆弱です。そうした現実の中でＧＤＰを基準とすると、どうしても新興国への配分比率が多くなってしまいます。

また、新興国の経済に付加価値を提供しているのは、新興国自身の産業よりも、先進国の産業が果たす役割が大きくなります。あの中国でさえ、経済がテイクオフしていく段階においては、日本企業や欧米先進諸国の企業が中国を「世界の工場」と位置づけ、そこに生産拠点を置いたことが、今の経済発展につながっています。

投資初心者は、まずはバランス型ファンドを中心に選ぶ

それを考えると、新興国のＧＤＰの規模に合わせて、新興国の企業に多額の資金を投じたら、おそらく相当に歪んだポートフォリオになってしまうはずです。それを避けるなら、ＧＤＰではなく市場の時価総額で投資配分比率を決めるほうが理にかなっていると思います。なぜなら、運用は市場を通じて行われるものであり、実体経済に直接、資金を投じるものではないからです。

特につみたて投資枠で初めて投資をする人は、バランス型ファンドを中心に保有すればいいと考えています。

バランス型のインデックスファンドが、つみたて投資枠の対象ファンドとして増えているのも、つみたて投資枠の運用にはバランス型が適しているという考え方が、販売金融機関の間で広がりつつあるからです。

しかし、バランス型ファンドの中には、その中身をチェックしてみると、「全世界にバランスよく投資する」という目標にはほど遠いものが存在するので、十分に注意が必要です。

全世界へ投資するなら、為替ヘッジは不要

国際分散投資を行ううえで、おそらく多くの人が「為替リスク」を気にすると思います。１ドル＝１５０円だったのが、もし１ドル＝90円になったら、いくら組み入れている米国株が大きく上昇したとしても、円ベースの収益は低下します。

たとえば、ある米国株の株価が10ドルから12ドルに値上がりしたとしましょう。購入時の為替レートが１ドル＝１５０円だとしたら、円建ての買付価格は１５００円です。ところが為替レートが1ドル＝90円まで円高になったら、円建ての売却価格は1080円(12ドル×90円)ですから、株価が上がったとしても、このままでは売却損を被ることになります(ちなみに、もちろん円安に動いた場合には、逆にプラスに作用します)。

では、為替ヘッジをしたらどうでしょうか。ヘッジとは「回避」のことで、このように円高が進んで、円ベースの収益がマイナスになることを防ぐため、先物取引などを活用して、円を事前に売っておく取引手法のことです。

証券投資理論の教科書を読むと、「株式は為替の値動きも含めてリスクを取るべきだが、債券は為替リスクをヘッジした方が効率的な運用になる」などと書かれています。

ただ、これは基軸通貨国であるアメリカ人の考え方とも言えます。

果たして、それをそのまま日本で暮らし、円ベースで資産を運用している私たち日本人に直接、当てはめることが正しいのかどうかという点において、疑問を持つ必要があるでしょう。

日本経済は緩やかに衰退し、将来、円安になる可能性が高い

まず、国際分散投資をするのはなぜかという根本的な問いとも絡んでくるのですが、私が国際分散投資を提唱しているのは、長期的に日本の円建て資産ばかりを持つことが、自分自身の資産のリスク回避にはつながらないと思っているからです。

第1章でも触れましたが、日本経済はこれから人口減少によって、労働生産性をはじめ様々な構造改革が進められない限りは、衰退への道をたどっても不思議ではありません。

衰退すれば、当然のことですが、日本の通貨である円は売られます。つまり円の価値が下がり円安になるのです。そのようなリスクがあるのにもかかわらず、保有資産の大半を円建て資産で固める必要はないでしょう。

また、長期的に見れば、為替は平均回帰する可能性があります。平均回帰とは、確かに為替レートは円安、円高を繰り返すものですが、長期的に見れば、ほぼニュートラルになるという考え方です。

確かに、超長期のドル円の為替の動きを見るとそれははっきりと分かります。戦後、１９７１年のニクソンショックを経て、それまで１ドル＝３６０円だったドル円レートは１ドル＝３０８円に切り上げられ、１９７３年からは変動相場制に移行しました。これを機に、日本経済の強さが評価されるにつれどんどん円高が進み、１９９５年には１ドル＝79円75銭をつけました。

その後、円安、円高を繰り返していますが、ワイドにみれば１ドル＝１５０円から80円の間、もう少し狭くみれば、ここ15年くらいは１ドル＝１５０円から75円の間で推移しています。

ということは、仮に今後、１ドル＝80円割れくらいの円高が来たとしても、それは特に驚くほどのものではありませんし、いずれ１２０円に向かって円安が進むというのが、平均回帰の観点から見た時の私の為替に対する見解です。

ましてや、新ＮＩＳＡではエンドレスの超長期投資も可能なので（２３９ページ参照）、ますます平均回帰する可能性が高いともいえるでしょう。その意味でも、為替ヘッジはあまり意味がないと考えているのです。

「人気ランキング」「運用成績ランキング」は全く当てにならない

投資信託を選ぶ際の判断基準として、「人気ランキング」や「運用成績ランキング」を参考にする人がいます。実際、雑誌などでも、この手のランキングを載せて、今、どのファンドが注目されているのかということを説明したり、そのような記事を基に窓口で勧められたりします。

しかし、正直、これらのランキングは何の参考材料にもなりません。

まず人気ランキング。現在の純資産総額や、資金流入額でランキングされており、それはそれで興味深い数字ではあるのですが、あくまでも今、どの投資信託がたくさん売られているのかということだけ。言い換えれば販売会社間における人気ランキングなのです。間違っても、人気ランキングで上位にあるからといって、その投資信託を買うような真似はしないこと。人気の高低と運用成績の良し悪しは、全く関係のない話だからです。

ただし、人気ランキングの時系列推移で、どんどん順位を落としていくような投資信託があったら、注意しておく必要があります。

人気ランキングがどんどん下がっていくということは、解約によって資金が流出し、純資産総額の規模が縮小していると考えられるからです。その意味では人気ランキングが役に立つこともありますが、基本的に人気上位にある投資信託は金融機関の「販売力」の結果ともいえるので、長期的に良いパフォーマンスが得られるという保証は、どこにもありません。

運用成績ランキングが当てにならない2つの理由

次に「運用成績ランキング」ですが、これも上位にある投資信託を選んだからといって今後も高い運用成績が期待できるかというと、実はそうでもないのです。

それには2つの理由が考えられます。

まず、投資信託の運用成績は、あくまでも過去の数字であるということ。投資信託の運用成績を示す「騰落率」というものがあります。これは今を終点とし、過去1カ月、3カ月、6カ月、1年、3年、というように遡《さかのぼ》って、その間に基準価額がどのくらい値上がり（値下がり）したのかを示したものです。

たとえば現在の基準価額が1万3000円で、そこから1年前の基準価額が1万円だったとすると、過去1年間の騰落率は30％ということになります。このように、騰落率はあくまでも過去の結果です。したがって、運用成績のランキングで1位となったファンドが、将来もずっと1位をキープできる保証は、どこにもないのです。

2つ目の理由は、一定期間中に著しく値上がりした投資信託は、その後、下落するケースが多いということです。

特に、中国株式ファンド、インド株式ファンドというように、特定の資産クラス、特定の国・地域に集中投資している投資信託が、運用成績ランキングで上位にきているということは、一定期間中に、そのマーケットが大きく上昇したことを意味します。そのまま上昇し続けてくれればいいのですが、マーケットは常に上昇・下落を繰り返すものですから、どこかの時点で必ず値下がりします。

したがって、運用成績ランキングで上位にくるほど大きく値上がりした投資信託は、近い将来、逆に値下がりするリスクがある、ということになります。

投資信託の評価は、将来のリターンを保証するものではない

運用成績ランキングの延長線上で言えば、投資信託の評価についても、将来のリターンを保証するものではないということを、頭に入れておく必要があります。

投資信託の評価というのは、過去の運用成績などを判断材料とし、いくつかの角度から、優れた運用が行われているかどうかを、特定の評価基準で示すものです。

しかし、こういった投資信託の評価も、結局のところ、過去の運用成績をベースにして判断されているものですから、現時点で高い評価を得ているからといって将来の運用成績も優れているとは限りません。

こうした人気ランキングや運用成績ランキングというものは、視覚的にもわかりやすいことから、投資信託を選ぶ際に頼ってしまいがちですが、実際には落とし穴がたくさんあります。そういう落とし穴を理解したうえで、あくまでも参考材料として利用するのは結構ですが、すべてをランキングに頼って、購入する投資信託を選ぶと、後悔につながる恐れがあることには、十分注意する必要があるでしょう。

つみたて投資枠で買うなら1本だけ

さて、私が主張したいこと、それはつみたて投資枠で選ぶファンドは、1本だけで十分です、ということです。私が個人的に良いファンドと考える9本も、全部購入するのではなく、9本の中から好きなものを1本です（**図4-3**）。

しかし、この本を読んでいる投資の中級者以上の方の中には「いやいや、複数のファンドでポートフォリオを組みたい」という意見もあると思います。

もちろん、つみたて投資枠で複数の投資信託を積み立てることは可能です。

しかし、複数の投資信託に分散投資すると、たとえばAファンドはどんどん値上がりするけれども、Bファンドは値下がりするといった状態に直面することもあります。

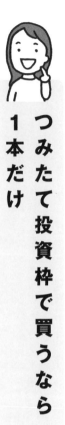

この状態が続くと、自分自身のリスク許容度などを考慮して、AファンドとBファンドに50％ずつ投資したのに、いつのまにかAファンドが70％、Bファンドが30％というように、ポートフォリオの比率が大きく変わってきてしまいます。

そのため、Aファンドの一部を解約してBファンドを購入し、再び50％ずつの投資

図4-3 つみたて投資枠で選ぶファンドは1本だけ!

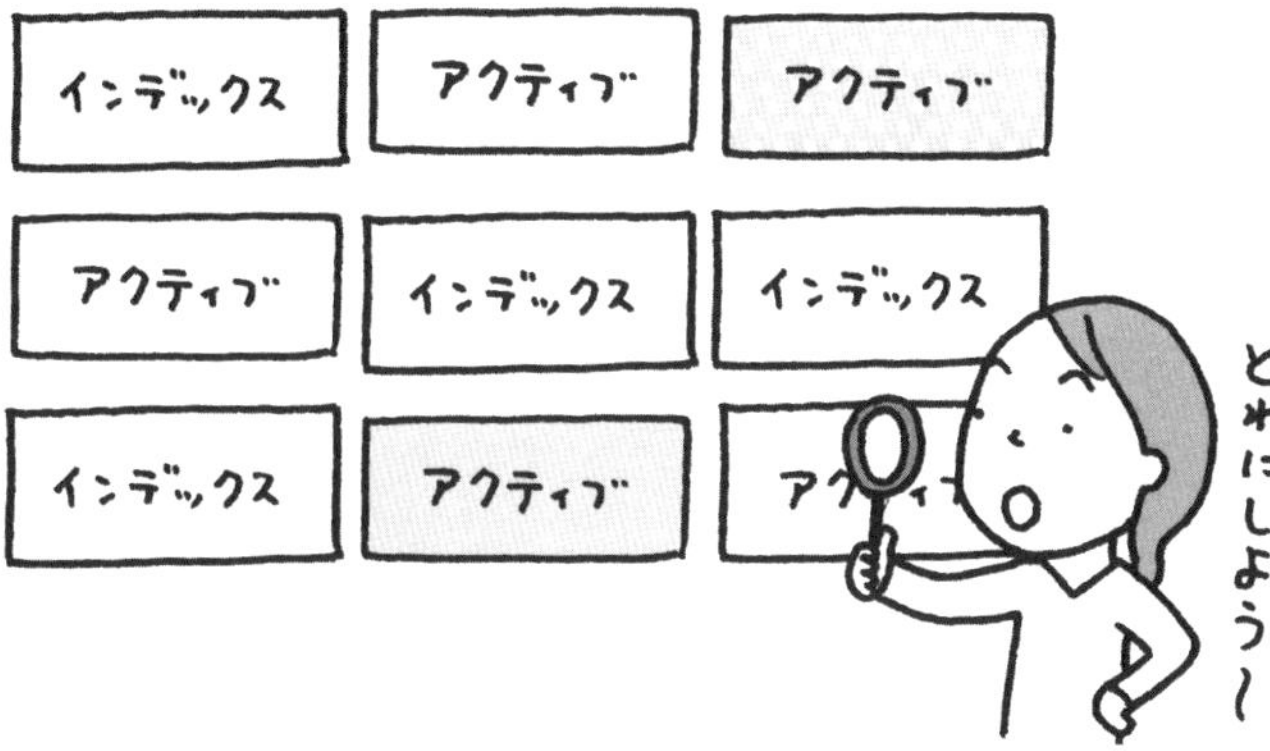

比率に調整するリバランスを定期的に行う必要性が生じてきます。

もちろん、それを承知のうえで、リバランスをせずに積み立てをし続けるという手もありますが、長期的に見るとパフォーマンスに大きな影響を及ぼす要因になります。

ですから、**デメリットをカバーするためには、最初から複数資産に分散投資するバランス型ファンドを選ぶべき**なのです。

「じゃあ、複数のバランス型ファンドを購入しては」と思う人もいるでしょう。

しかし、投資先が同じようなバランス型ファンドを何本積み立てても効果は同じです。ですから、つみたて投資枠で積み立てる投資信託は、１本だけでいいのです。
そして、その１本をどう選ぶのかが、つみたて投資枠ではとても重要になってきます。

つみたて投資枠の中で買ってもいいファンドは９本だけ

つみたてＮＩＳＡの対象ファンドは、これまで何度も触れていますが、２０２３年７月31日時点で２４６本あります。

特に「指定インデックス投資信託」と呼ばれている、インデックスファンドの本数が全部で２０７本もあり、「つみたて投資枠＝インデックスファンドの集合体」といってもいい状態です。

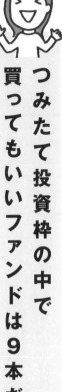

しかし、金融庁の条件をクリアした投信ですら、今後の資産形成に役立ちそうな条件でスクリーニングをしたら、つみたて投資枠の口座の１本だけで私が考える条件を満たしてくれるファンドは、たった13本しかありませんでした。

なぜ13本しかないのか。その根拠を示しながら、さらにそのなかでも長期の資産形成に適していると思われる9本の選択基準を、以下にご紹介します。

選択基準①
国際分散投資

何度も申し上げている通り、未来は誰にも分かりません。経済成長が望めるエリアが、アジアなのか、アメリカなのか、ヨーロッパなのか……。それを考慮すると、全部に賭ける、つまり投資するエリアは「全世界」です。

「全世界」、もしくは「国際分散」となっているものを選んでください。

選択基準②
国内(日本)資産の比率は3分の1以下

複数資産に分散投資するファンドの場合、国内株式や国内債券を独立した資産クラスとして均等分散すると、国・地域別で見た場合、どうしても日本への投資比率が高めになります。

たとえば国内株式、国内債券、外国株式、外国債券の4資産に均等投資すると、それぞれの投資比率は25％ずつになり、トータルでみると日本株と日本債券を合わせて50％も投資することになります。これでは本当の意味での国際分散ポートフォリオとは言えません。国際分散ポートフォリオのファンドを買う時は、株式でも債券でも、日本に過度にコミットした国内資産の比率が3分の1以上あるものは、対象から外したほうがいいでしょう。

選択基準③
日本株が入っているもの

選択基準②で、日本株の比率は低くしたいとはいいましたが、全く入っていないのもダメです。指数連動型のインデックスファンドで、「日本を除く」とあったら、そのファンドは選ばないでください。日本が少子高齢社会で未来は明るくないとはいえ、時価総額ではまだ世界第3位の位置です。全世界へ投資すると決めた時に、日本をすべて外してしまうのはやはり論理矛盾なのです。

確かに、今の日本経済が置かれている環境は、ネガティブな要因がたくさんあります。本格的に人口が減り始め、高齢社会ではなく「超高齢社会」になっています。超高齢社会になると、現役世代の社会保障負担が重くなり、経済活力が失われていきます。かつては世界中を席捲《せっけん》していた日本製品も、すでに韓国製品や中国製品に取って代わられました。少なくとも現状において、日本の未来は決して明るいものではありません。

でも、20年後、30年後がどうなるのかは、正直なところ誰にも分かりません。

私が運用の世界に足を踏み入れた頃、もうかれこれ30年以上も前のことになりますが、米国に出張すると治安がボロボロで昼間、街を歩くのも怖い思いをしたものです。当時の米国経済は、そのくらい疲弊していました。

ところが90年代の半ばからインターネット高速通信網がどんどん整備され、情報通信分野において米国は覇権を握るようになりました。

今から30年前、まさか米国がここまで成長するなどとは、誰も思っていなかったでしょう。何かほんのちょっとしたことがきっかけになり、経済構造は大きく変わるのです。それは日本だって例外ではありません。だから、日本株を完全に外した国際分散投資のポートフォリオは、選ばないほうがいいのです。

選択基準④

為替ヘッジなしのもの

168ページでご説明した通り、全世界へ投資するのであれば、為替の問題がつきまといます。世界の経済成長をきちんと受け取るのであれば、為替ヘッジが「なし」のものを選びましょう。ちなみに為替ヘッジを行う場合は、「ヘッジコスト」といって、内外金利差分がコストとしてかかってきます。為替ヘッジ付きは、余計なコストがかかるという点でも不利になるのです。

選択基準⑤

純資産総額が100億円以上のもの

投資信託には「繰上償還」という制度があります。これは信託期間が満了する前、あるいは信託期間無期限であるにもかかわらず、ある日、投信運用会社の都合で勝手に運用を中止してしまうことです。

繰上償還されるかどうかの判断基準のひとつは、受益権口数（受益者が保有する口数）で30億口を下回っているかどうかです。1口＝1円で計算すると、30億円程度の純資産総額だと繰上償還リスクが高まると考えられます。ということは、現時点において純資産総額が30億円、もしくはそれを割っているような投資信託は選ばないほうが無難です。

とは言っても、いきなり繰上償還されるわけではありません。これは投資家にとってすごく迷惑なことなので、投信運用会社も事前にホームページなどに「公告」を出して、間もなく繰上償還が行われるというお知らせをします。大体、繰上償還日の1カ月くらい前にこの手の公告が出されます。

繰上償還になると、その時点でそのファンドによる運用はストップします。償還ですから、資金も戻ってきてしまいます。つみたて投資枠を利用して長期的に資産形成をしようと考えていたのに、積立投資している投資信託が繰上償還になったら、また別の投資信託を探さなければなりませんし、仮に20年くらいかけて積み立ててきたのが、いきなり繰上償還されて現金が手元に戻ってきてしまったら、それを何に投資すれば良いのかで、再び頭を悩ませることにもなります。それはあまりにも非効率です。

したがって、繰上償還リスクが低いと思われる投資信託を選ぶ必要があります。

それを考えると、最低でも純資産総額が100億円以上ある投資信託から選んだほうが無難です。

投資信託は常に資金が流入し続けるのではなく、解約に伴う資金流出も生じるからです。

選択基準⑥
「ターゲットイヤーファンド」は外す

つみたて投資枠の対象ファンドには、指定インデックス投資信託のなかに何本か、「ターゲットイヤーファンド」と呼ばれるタイプが含まれています。利用者の年齢に応じて、徐々にリスク資産の比率を下げてくれる、ある意味では便利な商品性を持った投資信託です。

ファンド名の最後に「2030」「2040」「2050」というように西暦が付されているケースが多いので、それで判断しましょう。一般的に投資をする原則として、年齢が上がるほどリスク性資産の比率を低めにした運用が望ましいと言われています。

20代の頃は、たとえば株式の投資比率を70%以上で運用することも許容できますが、

60代、70代になって、そのようなハイリスク型のポートフォリオを持っていると、株価の暴落で運用資産が大きく目減りした時、それをカバーするのが極めて困難な状況に陥ってしまいます。なぜなら、すでに定年後だとすると、損失をリカバリーするだけの収入を得るのが難しいからです。

したがって、一般的には年齢が上がっていくに従って、徐々にリスク性資産への投資比率を下げていくのがセオリーと言われています。ターゲットイヤーファンドは、このリスク性資産への投資配分を、保有者の年齢に応じて自動的に調整してくれるファンドです。

でも、このしくみには決定的な欠点があります。たとえば２０２３年に、43歳でターゲットイヤーファンドを購入した人は、２０４０年には60歳ですから、その時点ではかなりリスク性資産の組入比率は下がっています。その時、世界的に株価が大きく上昇したとしたら、どうなるでしょうか。

そうです。すでにリスク性資産の組入比率が大幅に引き下げられているので、せっかくの株高も運用成績の向上に反映されないのです。この長寿社会においては、定年後から第二の人生が始まると言われるように、長い余生を送ることになります。これからの長寿社会では定年後もある程度、リスクを取って資産を運用していく気構えが必要になってきます。そして、いつ株高になるのかは誰にも分かりません。

だからこそ、一定の年齢に達した時点で自動的にどんどんリスク性資産の組入比率が下げられてしまうターゲットイヤーファンドは、長期投資に向かないと考えられるのです。

とりわけ人生１００年時代のこれからは、生涯スパンでの運用が常識化してくるでしょう。60代まで運用して、その後は預金に置いて取り崩していくという考え方は、もはや過去の常識です。以上の選択基準をまとめると、**図4-4**になります。

図4-4 つみたて投資枠で買ってもいいファンドは、この6つの選択基準で選ぶ

選択基準① 国際分散投資

選択基準② 国内（日本）資産の比率は3分の1以下

選択基準③ 日本株が入っているもの

選択基準④ 為替ヘッジなしのもの

選択基準⑤ 純資産総額が100億円以上のもの

選択基準⑥ 「ターゲットイヤーファンド」は外す

つみたて投資枠で買ってもいいファンドは、この6つの条件を満たしたものだけ。

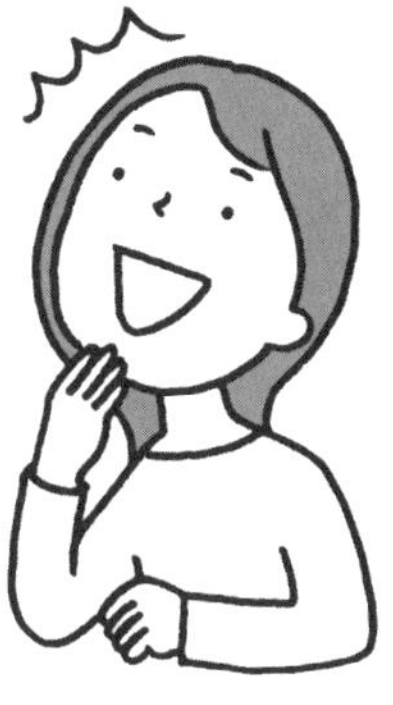

つみたて投資枠以外でも使える選択基準

私の著書、『最新版　投資信託はこの9本から選びなさい』で、9本の投資信託に絞り込んだ基準は、以下のものでした。

①信託期間は無期限のものを選ぶ
②分配金を再投資に回してくれるもの
③購入時手数料がゼロで、運用管理費用率が低いこと
④運用資金が増え続けていて、純資産残高が小さいものは除外（30億円以下）
⑤投資対象は国際分散型
⑥銀行口座から「自動積立」が可能なもの

これによって当時（2013年）、3376本あった投資信託の中から9本を選別したわけですが、この条件のうち①～⑤に関しては、つみたて投資枠の要件とほぼ重

複しています。

つみたて投資枠の要件も、長期投資でお金が増えるものを選んでいるはずなので、私の考え方が間違っていなかった証左でもあります。とはいえ、細かなところでは、長期積立投資に耐えうるための、別の判断基準があるのも事実です。

それが、今回の選択基準である、「国際分散」「国内（日本）資産の比率が3分の1以下」「日本株が入っているもの」「為替ヘッジなし」「純資産総額100億円以上」そして「ターゲットイヤーファンドは外す」なのです。

いずれか1本を購入すれば十分

そして、この条件でスクリーニングした結果、13本の投資信託が該当しました。以前、私が会長CEOを務めていたセゾン投信の2本の国際分散投資型ファンドも、もちろん条件を満たしていますが、自身が創業以来16年にわたって経営トップを務めた会社であり、中立性を損なう可能性も踏まえて、紹介からは除外しました。

そのうえで今回は、さらにスクリーニングの条件を厳しくしてみました。もちろん、この13本でも良いのですが、より長期、積立、分散投資にふさわしいファンドを厳選したいと考えたのです。

その結果、たとえば国際分散投資型のファンドでも、中小型株式に特化しているもの、先進国株式のみに投資しているものは外しました。

中小型株式の場合、大型株式に比べて値動きが大きくなりがちなので、大きく値下がりした時など損失の大きさに耐えられなくなり、なかには保有し続けられなくなる人が出てくる恐れがあります。

また、より幅広く分散させる必要性を考えると、先進国株式に限定するのではなく、新興国株式も含めて分散されたポートフォリオで運用しているファンドが良いと判断しました。

あるいは、運用が開始されてまだ間もないファンドも、この13本には含まれているので、それも外すことにしました。大事な資産の運用を長期間、委ねるためには、やはり過去の、ある程度の期間、運用を続けてきたという事実が必要だと考えたのです。

これらの条件を加味したうえでスクリーニングを行った結果、最終的に私がつみたて投資枠で購入しても良いと思ったファンドは、9本に絞り込まれました（194ページ図4-5)。以下、セゾン投信のファンドを除き設定日が古い順(2023年9月末時点)でご紹介していきます。

ただ、つみたて投資枠の口座を開設する金融機関によって、扱っている投資信託が異なりますから、ご自身が口座を開いた金融機関のつみたて投資枠で買えるものと買えないものが、どうしても出てきてしまいます。ですからこの9本のうち、いずれかの投資信託を扱っている金融機関に口座を開くことが大事です。

このように9本を挙げると、「このうちどれか1本を買えばいいのですか? それともすべてに少額資金で分散したほうがいいのですか?」という質問を受けることがあります。すでに説明したように、いずれか1本を買えば十分です。

「投資する時はリスク管理上、複数に分散させるのが大事です」などと言われるので、9本の投資信託に少額資金で分散したほうがいいという発想が生まれるのだと思います。

しかし、ここに挙げた投資信託はすでに資産クラスの分散が図られています。それをさらに分散して複数の投資信託を保有すると、自分の資産が今、どの資産クラスにどの程度配分されているのかが分かりにくくなりますし、そこまで分散して得られるプラスの効果は、ほとんどありません。

ここで挙げた9本のファンドすべてに分散させるのではなく、購入したいファンドを1本決めて、取り扱っている金融機関で新ＮＩＳＡ口座を開設し、それを購入して長期保有してください。

ちなみに196ページ以降で紹介する各候補ファンドの**図4-6〜図4-12**中に「インベスターリターングラフ」と「月次資金流出入額グラフ」というのがあります。

インベスターリターンは、その投資信託を保有している投資家（受益者）が実際に享受したリターンの平均値と言えます。ここで取り上げている投資信託はすべて「オープン型」といって、いつでも自由に購入・解約できるものです。

そのため、購入・解約のタイミングは投資家各人バラバラですし、結果的にリターンも各人異なるものになります。その平均値と考えてください。

インベスターリターンとトータルリターンを比較できる

以下に紹介する7本のファンドでは、インベスターリターンとトータルリターンを比較できるようにしています。

トータルリターンは、あらかじめ決められた一定の期間中に基準価額がどれだけ値上がり（値下がり）したのかを示す、対象ファンドそのものの運用成績です。

両者を比較することで、特定の期間中におけるインベスターリターンがトータルリターンを下回っていることが確認された時は、その期間中に資金流出が生じた可能性が高いと推察していいでしょう。

逆にインベスターリターンがトータルリターンを上回っている時は、その期間中に資金が安定して流入していたと想定できそうです。

各図版中のもうひとつの月次資金流出入額グラフは、追加設定によって新規資金が入ってきた額と、解約によって資金が流出した額との差し引きです。

資金流出が長期的に続いている投資信託は、リターンにとってネガティブな要因と考えるべきで、この手の投資信託は買わないほうが無難です。

インベスターリターンも、資金流出入額も、すべてウエルスアドバイザー（元モーニングスター）のサイトで見ることができるので、本書を購入した後、自分が購入し

図 4-5　6つの条件を満たしたのは、この9本!（スクリーニング結果）

	つみたてNISA分類※	ファンド名	純資産総額
1	インデックス	世界経済インデックスファンド	2232.32億円
2	アクティブ	のむラップ・ファンド（積極型）	1499.10億円
3	インデックス	LOSA長期保有型国際分散インデックスファンド	133.39億円
4	インデックス	全世界株式インデックス・ファンド	151.86億円
5	インデックス	楽天・全世界株式インデックス・ファンド	3437.93億円
6	インデックス	SBI・全世界株式インデックス・ファンド	1375.89億円
7	インデックス	eMAXIS Slim 全世界株式（オール・カントリー）	1兆4717.1億円
	アクティブ	セゾン・グローバルバランスファンド	4011.41億円
	アクティブ	セゾン資産形成の達人ファンド	2775.84億円

※つみたてNISA分類上「インデックス」は指定インデックス投資信託、「アクティブ」としているのは指定インデックス投資信託以外の投資信託（アクティブ運用投資信託等）のこと。
※スクリーニング時データは、2023年2月28日現在。
1）ファンドの「選定基準」
ユニバース：つみたてNISA対象投信のうち以下の条件にあてはまるもの。
1. 国際分散投資
2. 日本株が入っているもの
3. 日本株の比率は1／3以下
4. 為替ヘッジなし
5. 純資産残高100億円以上
6. ターゲットイヤーファンドは除外
2）「選定基準にしたがってイボットソン・アソシエイツ・ジャパンがMorningstarDirect®が提供したデータから、著者が9本を選定した」
3）※データ提供を行ったイボットソン・アソシエイツ・ジャパンは、著者の示した条件によるスクリーニングのみを行った。

たファンドのコンディションをチェックする意味で定期的に見ておくといいでしょう。

7本の紹介ファンド情報は、ウエルスアドバイザーのデータに基づいて作成しています。

紹介ファンド1

日本、先進国、新興国の株式と債券へバランス良く投資するファンド

世界経済インデックスファンド（三井住友トラスト・アセットマネジメント）

国内外の株式や債券にバランス良く分散投資するバランス型ファンド。

投資対象は国内株式、国内債券、外国株式、外国債券、新興国株式、新興国債券のそれぞれインデックスファンドです。一般的に国内外の株式や債券に分散投資するファンドでは、株式と債券を合わせた国内資産が半分近くを占めるケースが多く見られますが、同ファンドは国内資産への投資比率が全体の９％に抑えられています。不必要なまでに国内資産への傾斜がきついバランス型ファンドが多い中、この資産配分比率には好感が持てます。株式と債券への資産配分比率は、ほぼ50％対50％です。

２０１９年は資金の流出入にややバラツキが見られるものの、２０２１年以降は月間単位で資金が流出している月はありません。

なお、同ファンドは新ＮＩＳＡ口座だけでなく一般口座での購入も可能ですが、一部金融機関は購入に際して購入時手数料を徴収するため、もし購入するのであれば、新ＮＩＳＡを活用するべきでしょう。

図4-6 世界経済インデックスファンド

設定日／純資産総額	2009年1月16日／2232.32億円
運用管理費用(信託報酬)(税込)	0.55%
信託財産留保額	0.10%

資産構成比

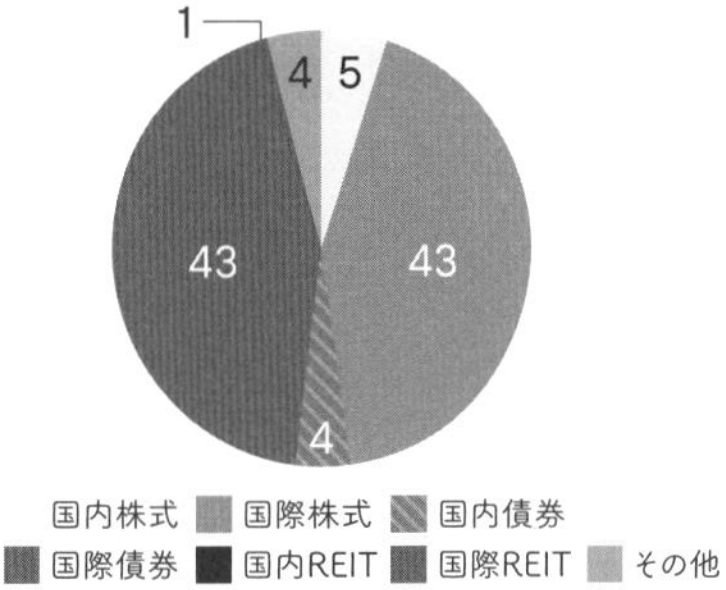

2023年1月20日現在

インベスターリターングラフ

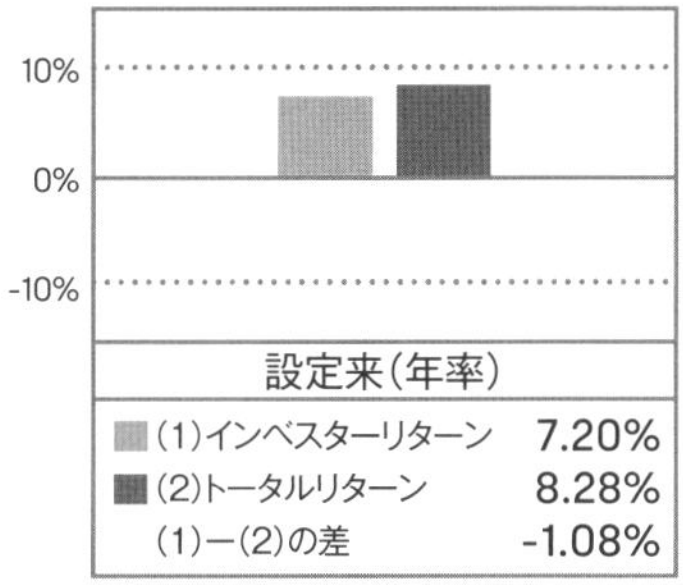

2023年9月30日時点

月次資金流出入額グラフ

(単位:百万円)

2023年9月30日時点

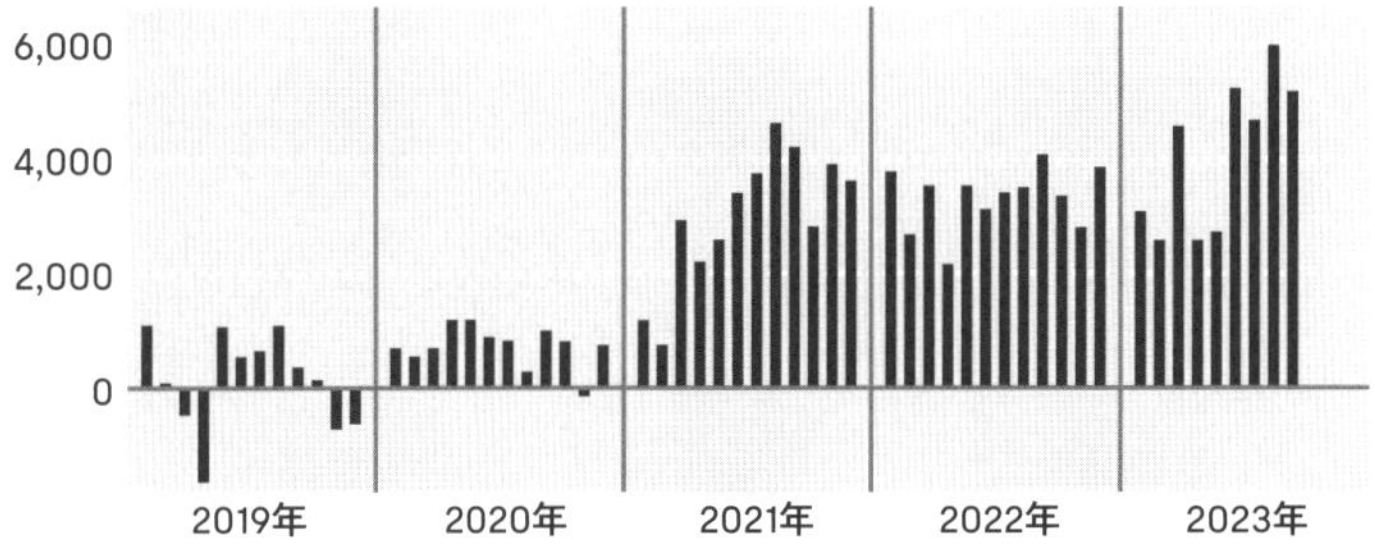

出典:ウエルスアドバイザー

紹介ファンド2

株式への投資比率は制限なしの「積極型」

のむラップ・ファンド（積極型）（野村アセットマネジメント）

のむラップ・ファンドは資産配分比率に応じて、「保守型」「やや保守型」「普通型」「やや積極型」「積極型」という5つのコースが用意されていますが、ここで取り上げるのは積極型です。資産配分比率は国際株式が51％で、国内株式が11％。6割程度を株式に振り向けることによって、ボラティリティ（価格変動の度合い）は大きめですが、その分だけ期待リターンも高めになります。各資産クラスへの投資は、5本のインデックスファンドを通じて行われます。なお、同ファンドは国内外の株式、債券に加えて、国際ＲＥＩＴ（不動産投資信託）も組み合わされるのが特徴のひとつです。

月間の資金流出入は、２０２０年は2カ月だけの資金純流出に抑えられ、２０２１年以降は、１カ月を除いて基本的に資金純流入が継続しています。つみたて投資枠の対象ですが一般口座での購入も可能です。ただし一部販売金融機関は購入時手数料を取るので、ノーロードで購入できる新ＮＩＳＡを活用してください。

図 4-7　のむラップ・ファンド（積極型）

設定日／純資産総額	2010年3月15日／1499.10億円
運用管理費用（信託報酬）（税込）	1.52%
信託財産留保額	0.30%

資産構成比

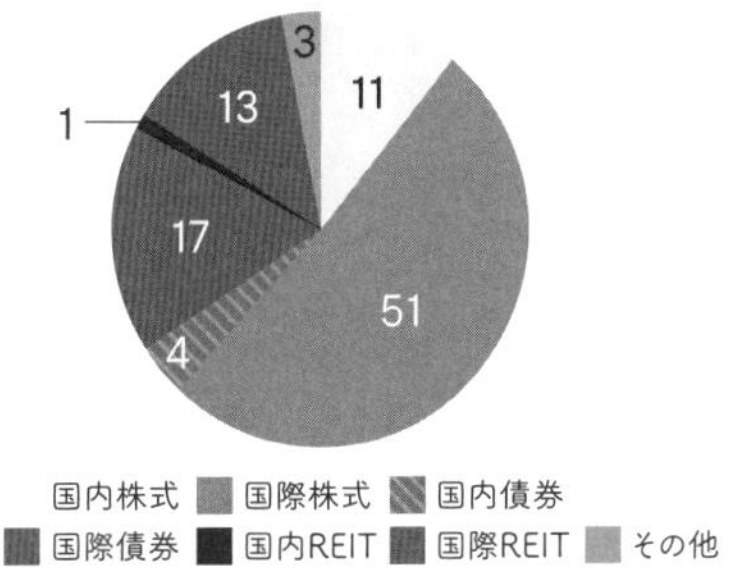

2023年2月20日現在

インベスターリターングラフ

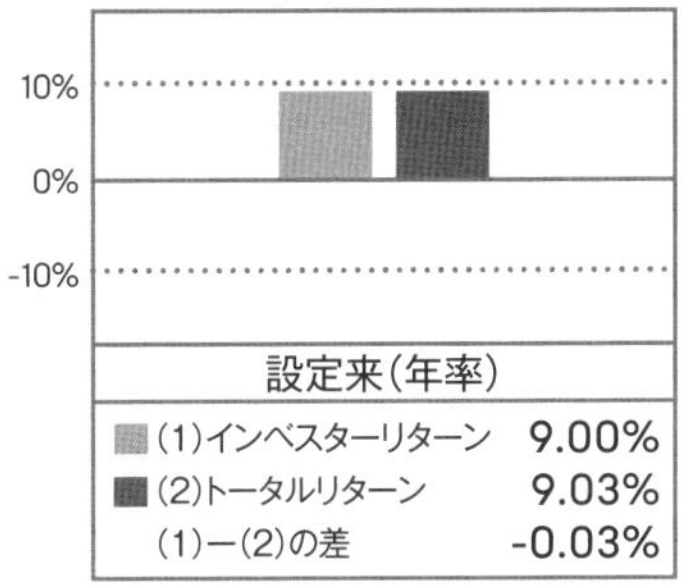

2023年9月30日時点

月次資金流出入額グラフ

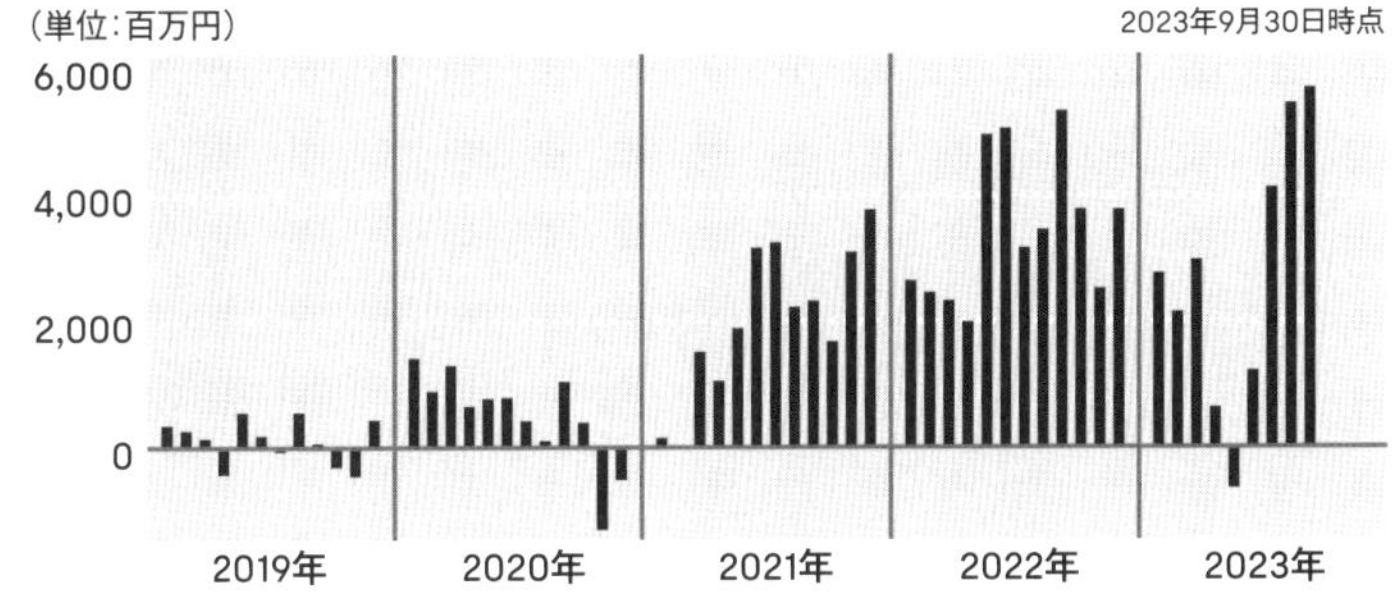

出典：ウエルスアドバイザー

紹介ファンド3

バンガードが運用するインデックスファンドを通じて、幅広い資産クラスに分散投資する

LOSA長期保有型国際分散インデックスファンド（PayPayアセットマネジメント）

国内外の株式が57％、国内外の債券が33％という資産配分比率なので、やや株式のリスクを多めに取ります。なお世界のREITや不動産関連株式にも投資します。国別の投資比率は米国が高めで、全資産クラス合計で約50％が米国資産で占められています。設定日は2015年12月なので、運用開始から約8年が経過しています。純資産総額が約133億円と、やや小粒ですが、2019年以降の資金流出入を月次で見ても、一度も資金流出している月が無く、しかも月を追うごとに月次の資金流入額が増加傾向をたどっています。これは投資信託の運用にとっては望ましい状況といっても良いでしょう。それを受け、設定来のインベスターリターンは、トータルリターンを上回っています。

他のバランス型ファンドに比べてユニークなのは、組入資産の中に「米国短期インフレ連動国債」が入っている点です。組入比率も10・2％ですから、ある程度高めです。

図4-8 LOSA長期保有型国際分散インデックスファンド〈愛称:LOSA投資の王道〉

設定日/純資産総額	2015年12月28日/133.39億円
運用管理費用(信託報酬)(税込)	0.61%
信託財産留保額	0%

資産構成比

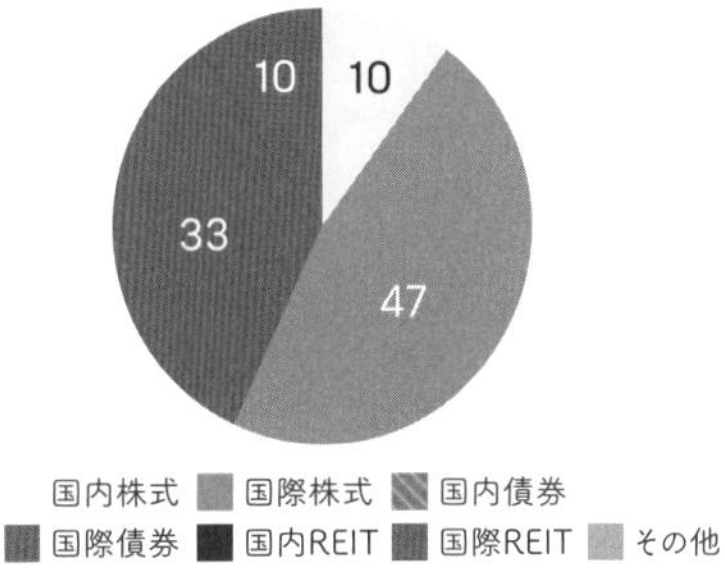

2022年12月5日現在

インベスターリターングラフ

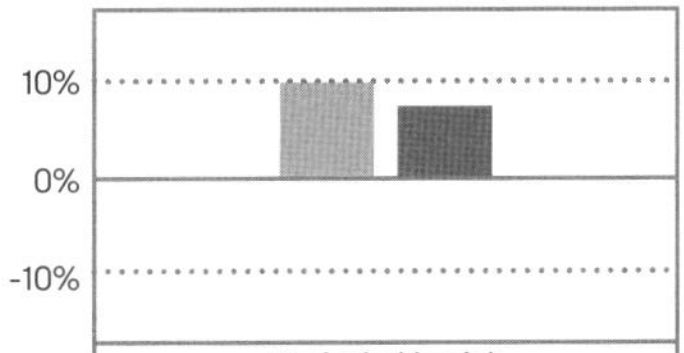

設定来(年率)	
(1)インベスターリターン	9.97%
(2)トータルリターン	7.30%
(1)−(2)の差	+2.67%

2023年9月30日時点

月次資金流出入額グラフ

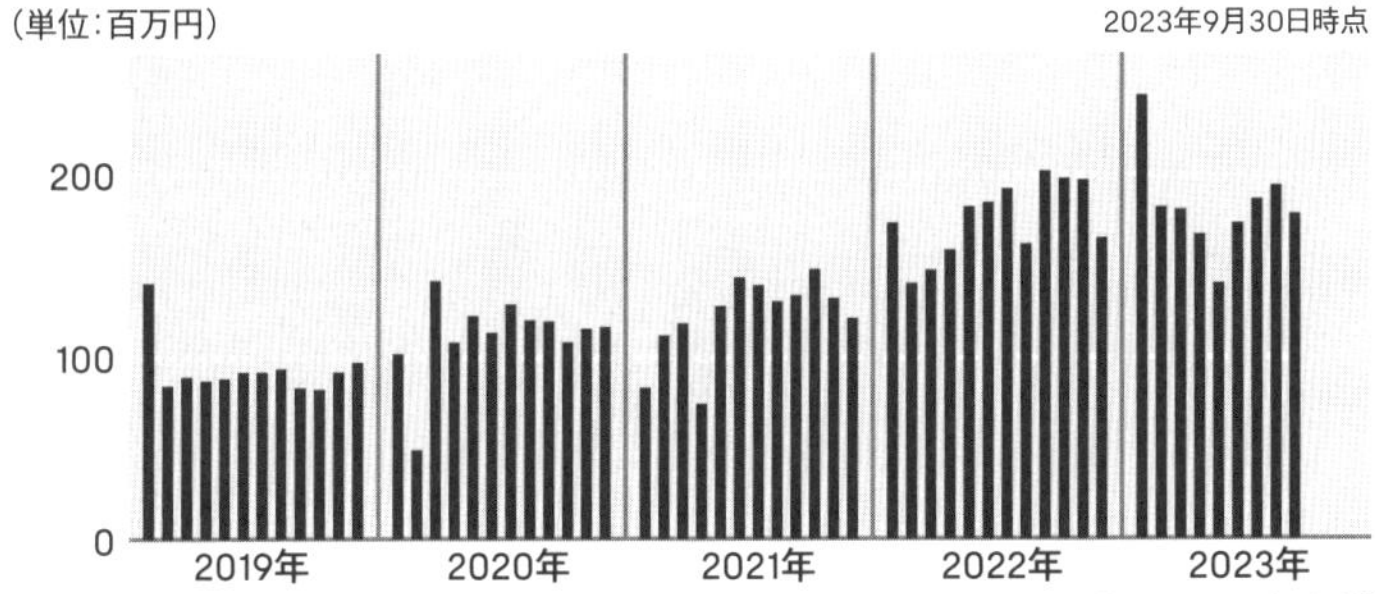

出典:ウエルスアドバイザー

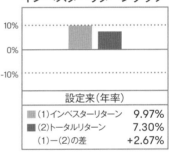

紹介ファンド4

先進国、日本、新興国の3つの株式型インデックスファンドに分散投資する

全世界株式インデックス・ファンド（ステート・ストリート・グローバル・アドバイザーズ）

投資対象は先進国株式、日本株式、新興国株式という3つの株式型インデックスファンドで、これにより全世界株式に分散投資するという建付けを実現させています。債券にも分散投資するバランス型ではなく、ほぼ100％株式を組み入れて運用します。そのため、バランス型に比べると基準価額の値動きは大きくなる傾向があります。なお、組入資産は国際株式が中心で88％。国内株式とその他が5％ずつで、国際REITが2％です。これらの組み合わせにより、中長期的には、MSCIオール・カントリー・ワールド・インデックスの動きに連動した投資成果の獲得を目指します。つまりインデックス型ファンドになります。

設定日は2017年9月で、6年が経過しています。資金の流出入は、2019年までバラツキが見られますが、2020年以降はすべての月において資金が純流入状態になっています。2023年2月時点の純資産総額は約151億円と、やや小ぶりですが、資金流出が抑えられているので、徐々に増加していくでしょう。

図 4-9　全世界株式インデックス・ファンド

設定日／純資産総額	2017年9月8日／151.86億円
運用管理費用（信託報酬）（税込）	0.53%
信託財産留保額	0.30%

資産構成比

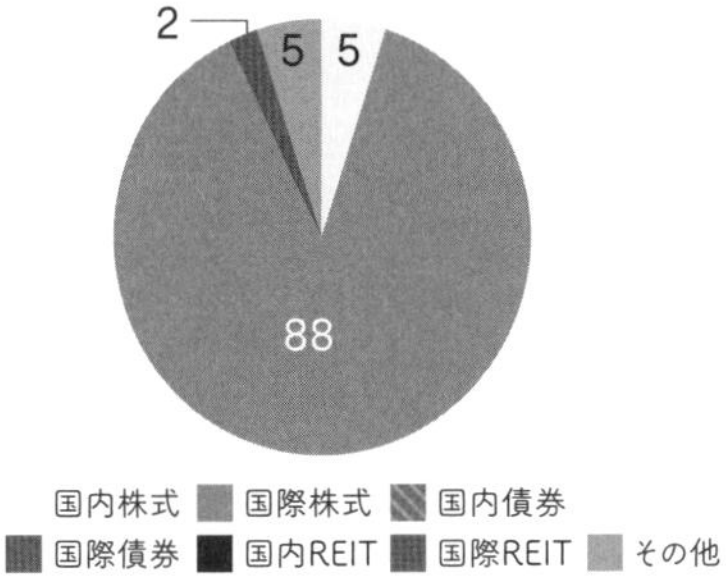

2022年11月30日現在

インベスターリターングラフ

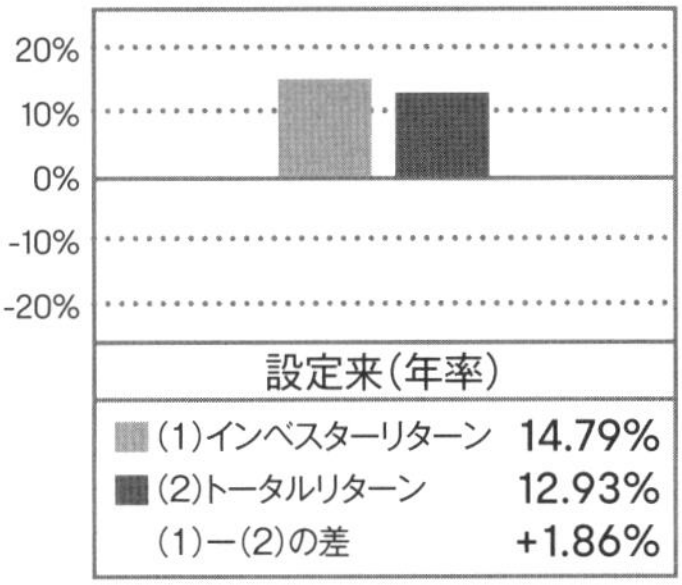

2023年9月30日時点

月次資金流出入額グラフ

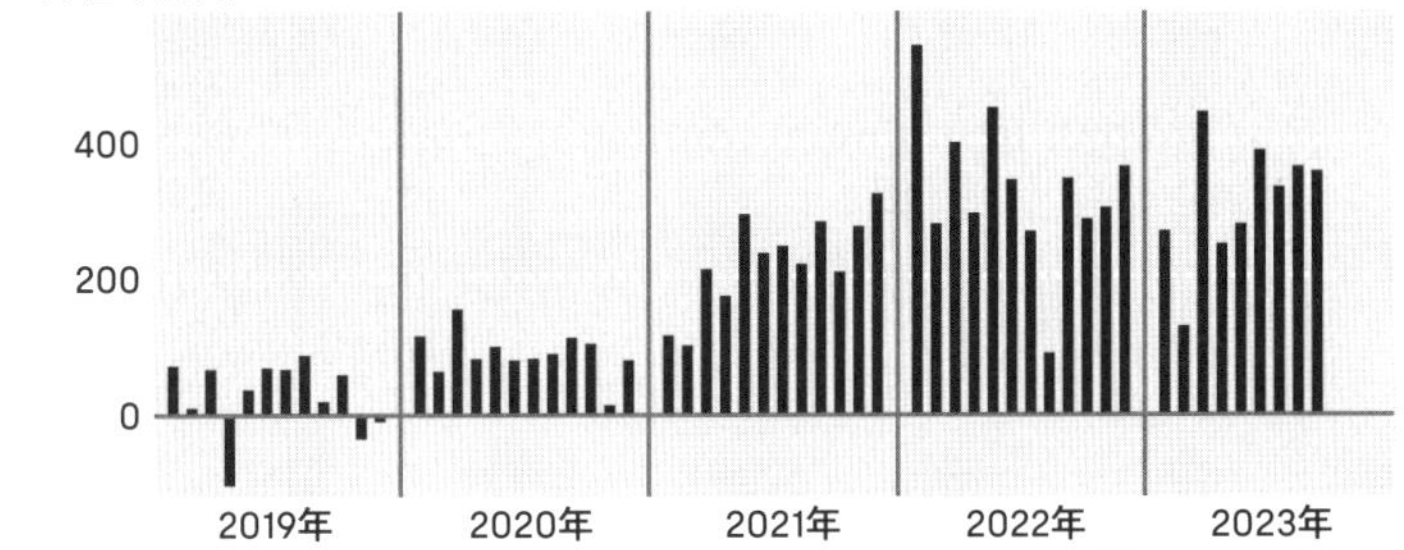

出典：ウエルスアドバイザー

紹介ファンド5

全世界株式が対象。米国バンガードのETFに投資する

楽天・全世界株式インデックス・ファンド（楽天投信投資顧問）

愛称は「楽天・VT」。全世界株式に分散投資する「バンガード・トータル・ワールド・ストックETF」、米国株式に投資する「バンガード・トータル・ストック・マーケットETF」、米国を除く全世界株式に分散投資する「バンガード・トータル・インターナショナル・ストックETF」という3種類のETF（上場投資信託）を組み入れることにより、全世界約8000銘柄に分散投資できるのが特徴です。

そして、これら3種類のETFを組み合わせることにより、FTSEグローバル・オールキャップ・インデックスに連動する投資成果を目指します。ちなみにFTSEグローバル・オールキャップ・インデックスとは、大型株、中型株、小型株までを網羅した、全世界の株式市場の動向を示す株価指数で、そのなかには米国、欧州、日本などの先進国株式だけでなく、中国やインドなど新興国株式も含まれています。

2019年以降、月次単位で資金流出した月は1回もなく、特に2021年以降は資金流入額が月を追うごとに大きくなっています。

図 4-10 楽天・全世界株式インデックス・ファンド〈愛称:楽天・VT〉

設定日/純資産総額	2017年9月29日/3437.93億円
運用管理費用(信託報酬)(税込)	0.19%
信託財産留保額	0%

資産構成比

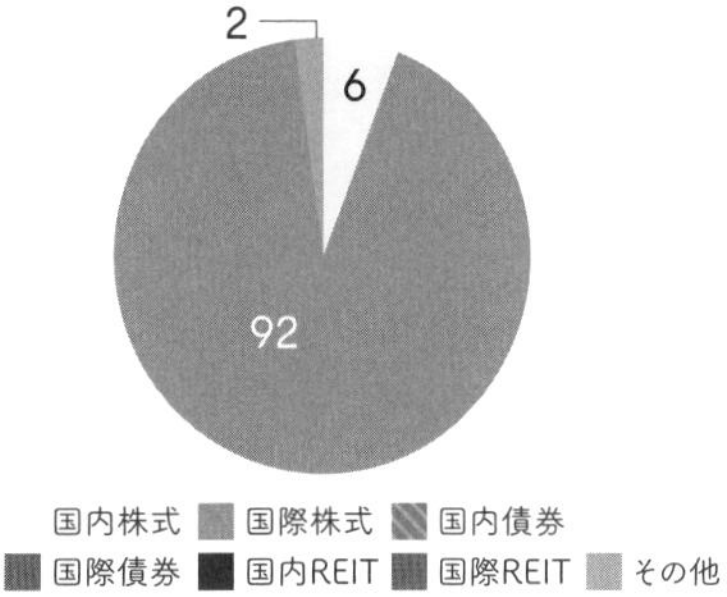

2023年7月18日現在

インベスターリターングラフ

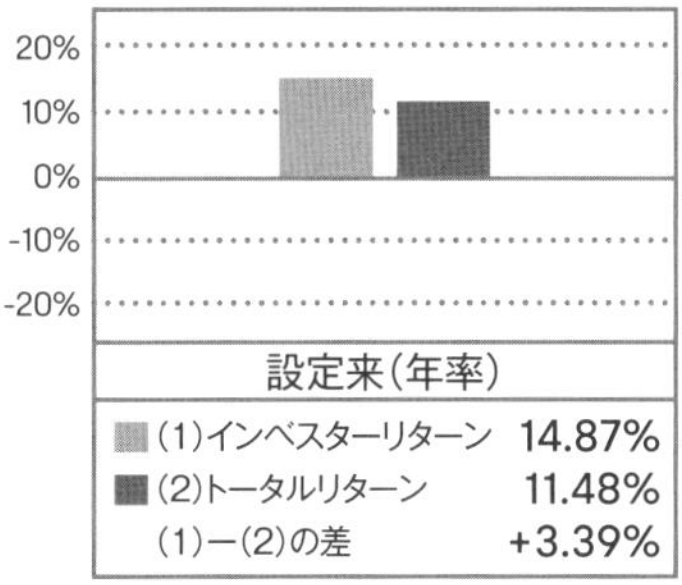

2023年9月30日時点

月次資金流出入額グラフ

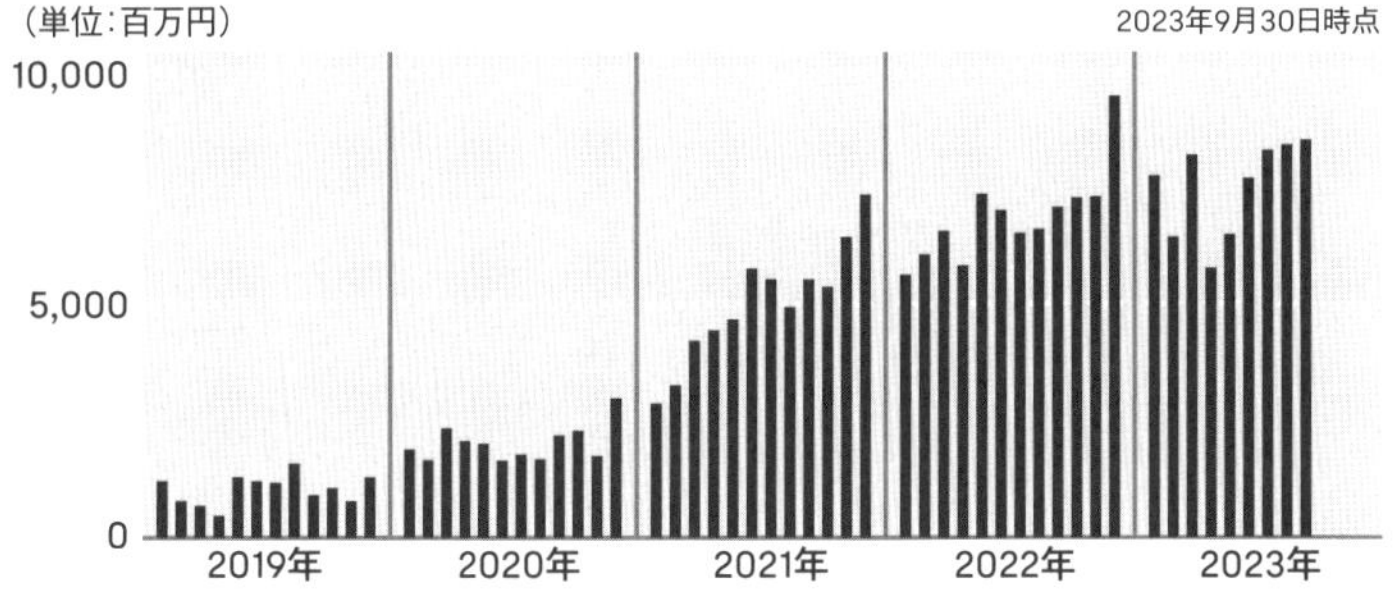

出典:ウエルスアドバイザー

紹介ファンド6

米国株式市場を中心にしてグローバル運用を行う
SBI・全世界株式インデックス・ファンド（SBIアセットマネジメント）

「バンガード・トータル・ストック・マーケットＥＴＦ」、「ＳＰＤＲポートフォリオ・ディベロップド・ワールド（除く米国）ＥＴＦ」、「ＳＰＤＲポートフォリオ・エマージングマーケッツＥＴＦ」という3種類のＥＴＦを組み合わせることによって、「ＦＴＳＥグローバル・オールキャップ・インデックス」に連動する投資成果を目指すインデックスファンドです。ＦＴＳＥグローバル・オールキャップ・インデックスについては「楽天・ＶＴ」でも説明した通りです。

純資産総額は約１３７５億円なので、人気は定着しており、かつ月次の資金流出入状況を見ると、特に２０２１年以降は毎年、増加傾向をたどっています。このように純資産総額がある程度大きく、かつ安定的に資金流入が続いているファンドは、繰上償還リスクが少なく、長期運用に適していると考えられます。組入上位国は圧倒的に米国が高くて約6割。業種別の上位は情報技術が19・９１％、金融が15・２７％、ヘルスケアが12・２０％、資本財・サービスが11・６１％などです。

図 4-11　SBI・全世界株式インデックス・ファンド〈愛称：雪だるま（全世界株式）〉

設定日／純資産総額	2017年12月6日／1375.89億円
運用管理費用（信託報酬）（税込）	0.11%
信託財産留保額	0%

資産構成比

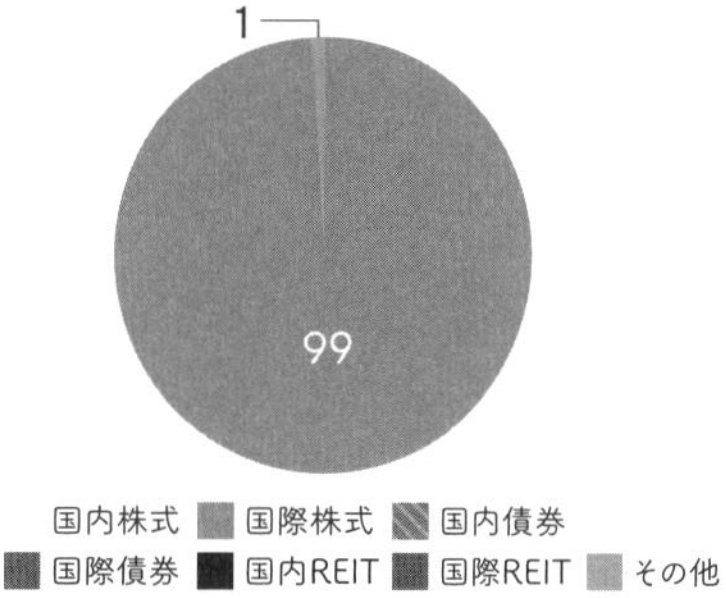

2022年11月14日現在

インベスターリターングラフ

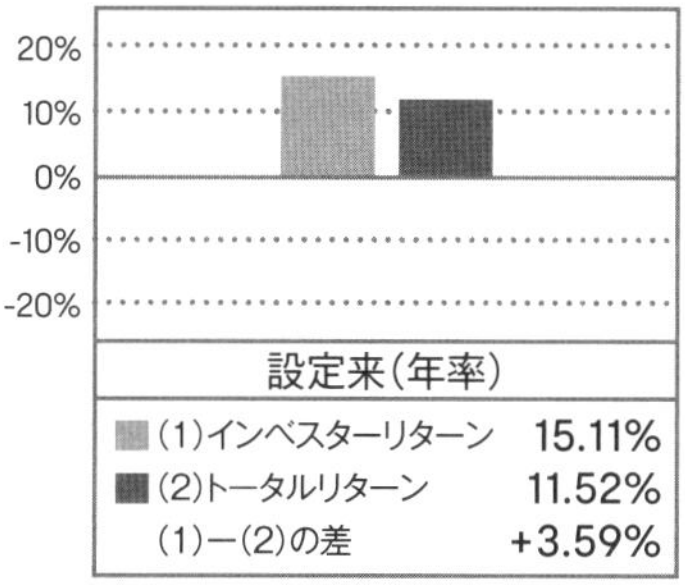

2023年9月30日時点

月次資金流出入額グラフ

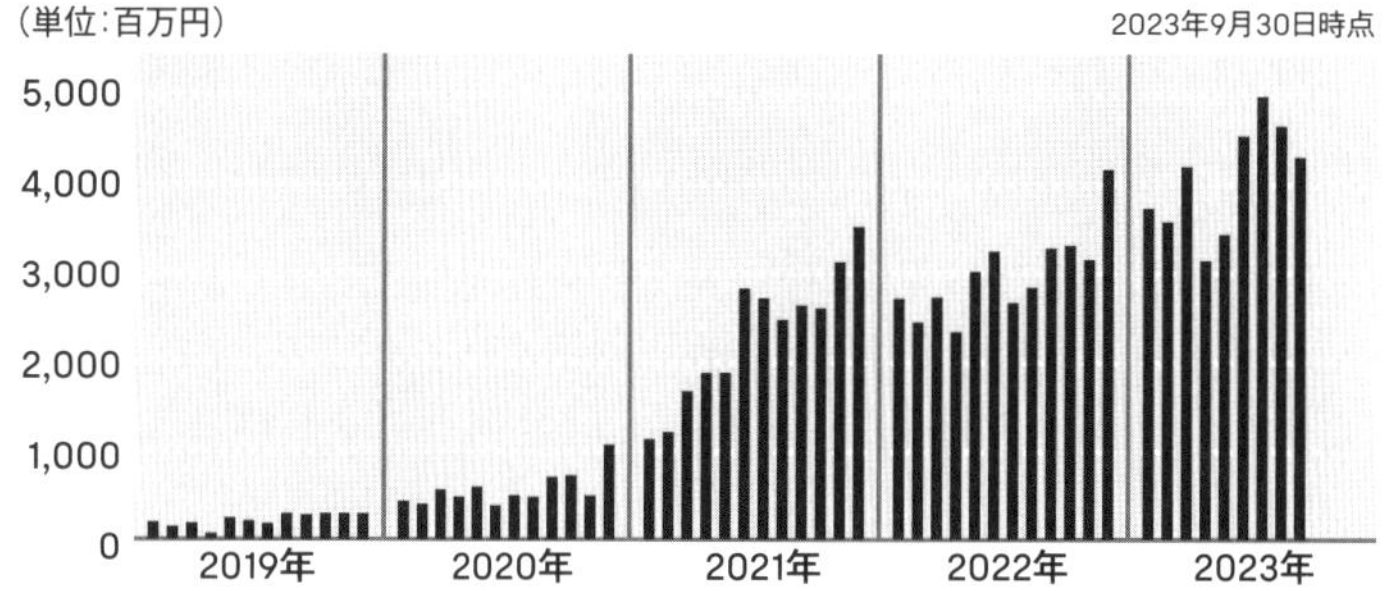

出典：ウエルスアドバイザー

紹介ファンド7

驚くほど安いコストが魅力。高い株式投資比率で世界経済の成長を確保する

eMAXIS Slim全世界株式（オール・カントリー）（三菱UFJアセットマネジメント）

先進国株式、日本株式、新興国株式に分散投資することにより、「MSCIオール・カントリー・ワールド・インデックス」に連動した投資成果を目指して運用されるインデックスファンドです。

ファンドの規模は非常に大きく、純資産総額は約1兆4717億円です。また、月次の資金流出入を見ると、資金流出の月はなく、年を追うごとに資金流入額が増大しています。月次で600億円の資金流入が定着しており、今後もさらに純資産総額の規模が大きくなると考えられます。

投資対象国は米国が58％で圧倒的に高く、次いで日本が8％です。アップルやマイクロソフト、アマゾン、NVIDIAなど、日本の個人投資家にも馴染みのある海外企業が組入上位を占めています。

また、運用管理費用が年率0・06％と非常に低く、そのローコストぶりで個人投資家から高い人気を集めています。

図 4-12 eMAXIS Slim全世界株式（オール・カントリー）

設定日／純資産総額	2018年10月31日／1兆4717.1億円
運用管理費用（信託報酬）（税込）	0.06%
信託財産留保額	0%

資産構成比

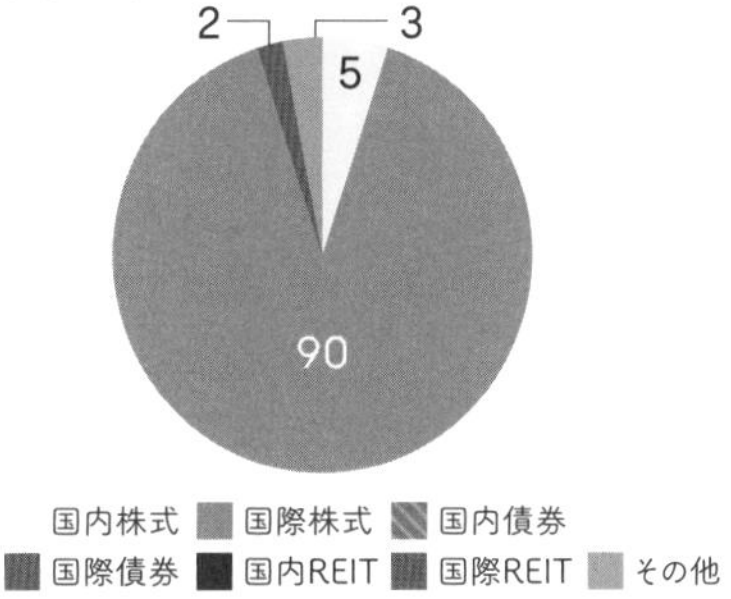

2023年4月25日現在

インベスターリターングラフ

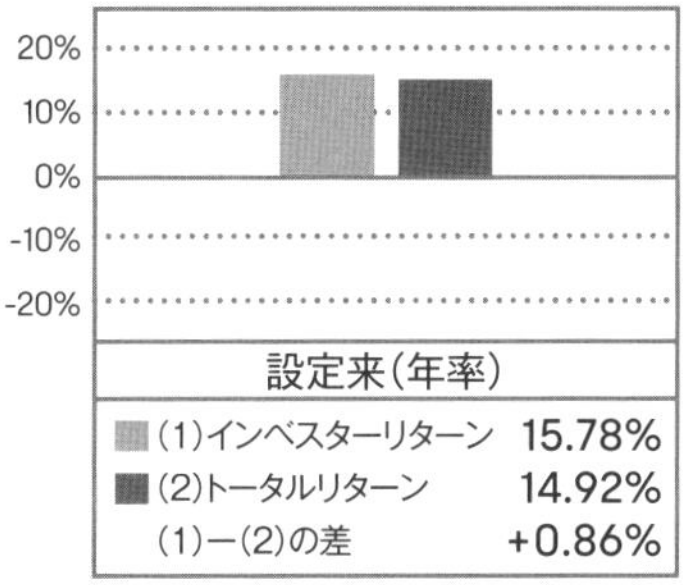

2023年9月30日時点

月次資金流出入額グラフ

（単位：百万円）　2023年9月30日時点

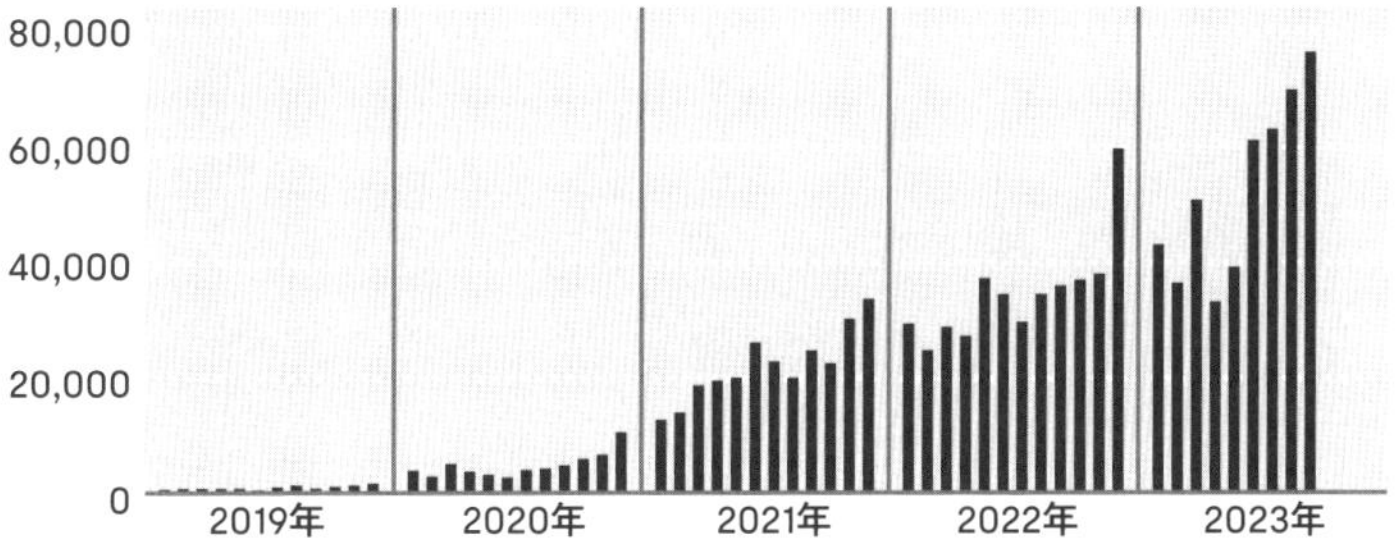

出典:ウエルスアドバイザー

年代別おすすめの積立投資法とは？
資産の増え方をシミュレーションしてみよう

本章の最後に、年代別の新NISAを利用した積立投資の方法、その増え方のシミュレーションをしてみましょう。実際、新NISAを用いて、どのくらいの資産形成が可能になるのでしょうか。年代別にいくつかのケースを提示してみます。

基本的に**つみたて投資枠を用いて、1800万円の非課税保有限度額を達成する際のシミュレーション**です。

ちなみに新NISAの非課税保有限度額は、簿価残高ベースで計算されるので、積立期間中に得られる運用収益は、非課税保有限度額の計算に入れません。あくまでも積み立てる元本ベースで1800万円ということになります。

したがって、月々の積立金額が決まれば、積立元本が1800万円に達するまでにかかる年数は、簡単に計算できます。電卓を叩けば簡単に計算できますが、一応、金額別にかかる年数を記しておきましょう。

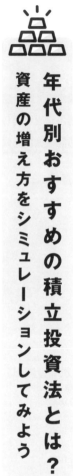

毎月1万円積立……………150年
毎月3万円積立…………50年
毎月5万円積立…………30年
毎月6万円積立…………25年
毎月7万円積立…………21年半
毎月10万円積立…………15年
毎月20万円積立…………7・5年
毎月30万円積立…………5年

これを見れば、1800万円を元本ベースで満たすのは、結構大変だということが分かると思います。毎月1万円をコツコツ積み立てても、大した効果はないということでもあります。あとは自分の年齢に応じて積立金額を考えればいいでしょう。

今が30歳なら、定年まで35年間は働けるので、それまでに1800万円に達したいのであれば、毎月5万円を積み立てる必要があります。

今50歳で65歳までの15年間で1800万円にしたいなら、毎月10万円ずつを積み立てねばなりません。

また、投資資金に余裕のある方であれば、毎月30万円ずつ積み立てれば、5年間で1800万円になります。

とはいえ、毎月30万円はさすがにきついと思うなら、健康寿命を少し超えてしまいますが、たとえば75歳をゴールにして、25年間で1800万円をつくるプランを考えてみてはいかがでしょうか。25年で1800万円ということは、年間72万円を積み立てれば良いので、1カ月あたりにすると6万円です。このようにして、積立期間と積立金額のプランを割り出していけばいいのです。

中には、毎月6万円は辛いと思う方もいらっしゃるでしょう。

1800万円は欲しいけれども、50歳にして毎月6万円も投資に回さなければとなったら、それだけ楽しく使える分が減ってしまう、つまらない、と思うかもしれません。

なので、モチベーションを上げていただくため、どのような積立投資をすると、どのくらい皆さんの資産が増えるのかを計算してみたいと思います。投資対象となる投資信託は、年率６％で運用することを前提条件にしてみましょう。

まず、30歳から毎月５万円を30年間積み立てた場合、運用益も含めた最終的な金額は、**５０２２万５７５２円**です（２１４ページ**図４‐13**）。

これが、40歳から毎月６万円を25年間積み立てた場合だと、**４１５７万９６３８円**。50歳から毎月10万円ずつ15年間積み立てた場合だと、**２９０８万１８７１円**。同じく50歳から毎月６万円を25年間積み立てた場合だと、**４１５７万９６３８円**。

このようになります。理想を言えば、30歳から積立投資をスタートさせ、30年間をかけて５０００万円超の資産を築くことです。

しかし、50歳からでも諦めず、75歳のゴールを目指して毎月６万円ずつ積み立てていけば、４０００万円超の資産を築くことができるのです。75歳の時点で公的年金を受け取りつつ、金融資産が４０００万円もあれば、残りの人生は楽勝です。

大事なのは諦めないこと。マーケットの力を信じて、とにかくコツコツとお金を積み上げていくことです。そうすれば、老後の不安なんかいっさい感じる必要などないのです。

図 4-13 30歳から毎月5万円を30年間積み立てた場合（年率6%）

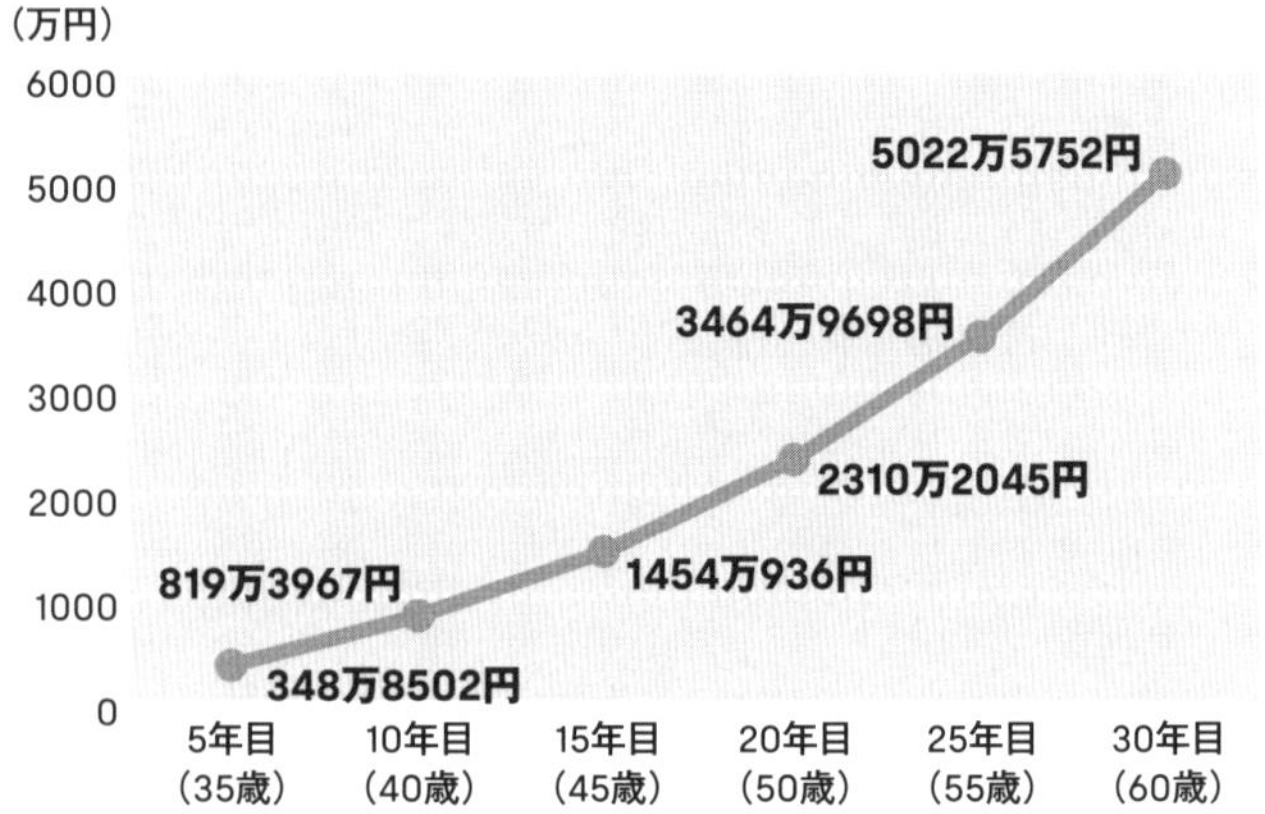

Column

こんな投資信託は買ってはいけない！
③「ブルベアファンド」

ブルベアファンドほど、長期の資産形成に不向きなファンドはありません。

これはインバース型ETFやレバレッジ型ETFと同様、短期の値動きを狙いにいくための商品です。

ブルは上昇相場、ベアは下落相場の時に、基準価額が上昇するタイプの投資信託です。

しかも、ダブルブル・ダブルベアというように、実際のマーケットの値動きに対して2倍のレバレッジがかかっているケースが大半です。

つまりダブルブルの場合は、連動対象となっているマーケットが5％値上がりすると、ファンドの基準価額は10％上昇します。

逆にダブルベアは、連動対象となっているマーケットが5％値下がりすると、ファンドの基準価額は10％上昇するのです。

「だったら、ダブルブルを買っておけば、長期的には2倍の儲けになるのでは？」と考える方もいらっしゃると思うのですが、この手のレバレッジは、あくまでも前日のマーケットの値動きに対して、2倍のレバレッジがかかるしくみになっており、これが中長期的に保有できない、最大のネックになるのです。

たとえば、連動対象となる株価が、次のような値動きをしたとします。

①100→②105→③90→④100

この時、2倍のレバレッジを持つダブルブル型ファンドの基準価額は、次のように動きます。

①100→②110→③78.6→④96

「あれ？」と思いますよね。連動目標となる株価は変わらないのに、なぜか2倍のレバレッジを持つブル型ファンドの基準価額は、100よりも落ちるのです。

これは、前日の数字を基準にして2倍のレバレッジがかかるというしくみが原因です。このように、マーケットがジグザグに動くと、時間が経過すればするほど、連動

図　ブルベアファンドのイメージ

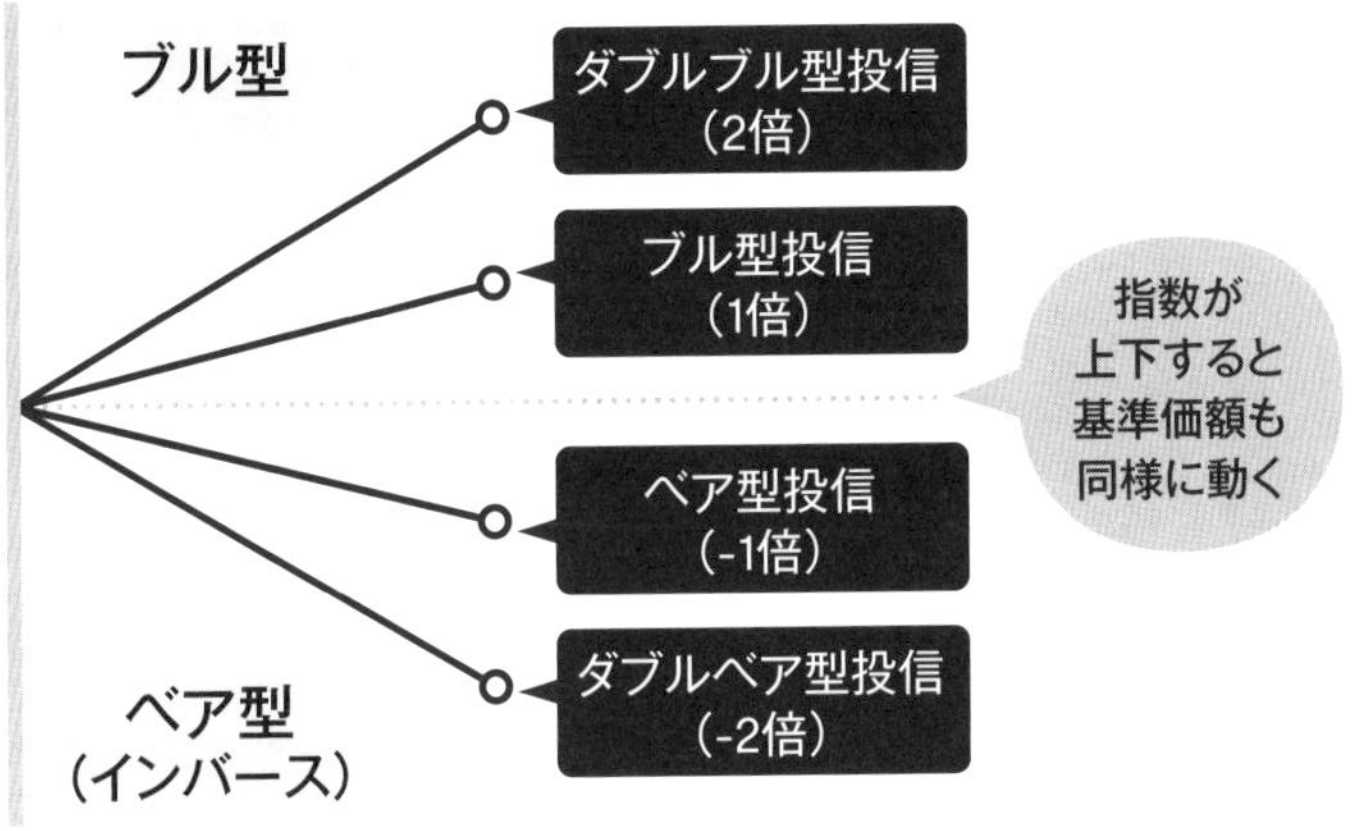

対象となるマーケットに対して、2倍の連動率を維持できなくなるのです。

ダブルブル型ファンドを買って5年が経過した時、連動対象となっている株価が30%くらい上昇していたので、持っているファンドの基準価額が60%くらい上昇しているかというと、実は全くそんなことはなく、20%程度しか上昇していないというケースも、十分に考えられます。これは、ダブルベア型のファンドにも当てはまります。

長期上昇、長期低下のいずれにしても、この手のレバレッジがかかったブルベアファンドは、レバレッジの影響によって、逆に運用成績が低迷することも十分に考えられます。

もし使うのならば、あくまでも短期的な値動きを予測して勝負するギャンブルの道具と割り切ってください。長期の資産形成には全く不向きですし、「新NISA」のつみたて投資枠はもちろん、成長投資枠でもこの手のレバレッジがかかったファンドは、非課税特例の対象外になっています。

第5章

投資信託、新NISAについて本当に知りたいこと

ご存じの方も多いと思いますが、私はできるだけ長期投資の魅力をお伝えしようと、北は北海道から南は沖縄まで全国各地で、講演や投資の勉強会を行っています。

この章では、そういった場で よく質問される、投資信託や長期投資、新ＮＩＳＡといった制度についての疑問にお答えしたいと思います。

Ｑ１

株、ＦＸ、仮想通貨などと同じように、投資信託も難しそうで、怪しそうな気がしてしまいます。どのように考えたらいいですか？


確かに昔は、本当にもうどうしようもない投資信託がたくさんありました。ご質問のように「怪しい」と思ってしまわれるのも仕方ありません。

そもそも、投資信託は米国では資産作りのために利用されていますが、日本では金融機関の「手数料稼ぎの道具」として、使われてきた歴史があります。株式売買手数料の自由化で収益源を失った証券会社、そして超低金利で利ザヤを稼げなくなった銀行。いずれの業態も代替収益源として、さまざまなファンドを売って多額の手数料収入を稼ぎ出したことから、投資信託が自分たちにとってとても儲かる商品であるということに気付きました。そうなると投資信託を販売する金融機関は、次々に自社系列の投信運用会社を設立し、自分たちが手数料を稼ぐためのファンドをどんどん設定するようになったのです。

さらに、1990年代の初頭に「証券不祥事」として多くの証券会社が大口法人顧客との取引に「損失補てん」していたことが白日のもとにさらされました。

証券規制が強化されるまでは、投資信託がそうした証券会社の自己勘定取引や大口顧客取引で生じた含み損の受け入れ先として悪用されてきたという、今では考えられないほどの黒歴史があるのです。

すなわち大きな損失を抱えて売るに売れなくなった株式を、系列投信運用会社が運用しているファンドに入れ込むという、とんでもない行為が行われていたのです。それゆえ一昔前には、投資信託のことを、業界関係者は「ゴミ箱」といっていたものです。

その結果、どんなに投資信託の運用で頑張ったとしても、失敗を押し付けられて、なかなか運用成績が上がらないという状態になってしまいました。投資信託が昔人気が無かったのは、そういう裏事情があったからです。

そのような悲しい過去を知る世代の人たちが今でも「投資信託は怪しい」と思っているのは事実ですが、もちろん現在ではそうした違法行為はあり得ないことです。

そして、最近では、その「投資信託」の購入を後押しするような制度が、次々と作られています。よく考えてみてください。どうして金融庁は、２０１８年にスタートしたつみたてＮＩＳＡの投資対象として、投資信託しか認めなかったのかということを。

理由は明確です。私たち生活者が資産形成をしようと思った時、投資信託が適していたからです。

確かに、株式取引やＦＸ（外国為替証拠金取引）、暗号資産（仮想通貨）で、大きな財を成した人はいます。「億トレーダー」「億り人」なんて言葉も、一部では言われていますし、実際にそれだけの資産を築いた人を、私も何人か知っています。

でも、そのごく一部の人たちが行ったことを、私たちが同じように真似できるでしょうか。

これは「絶対に無理」と断言できます。

専業トレーダーは、日中はモニターの前に張り付き、株価チャートを見ながらひたすら売り買いを繰り返します。数千万円単位の損失が生じることもあります。それでも続けるメンタルの強さを持ち、常に値動きのことを考えています。値動きの激しい世界に身を置いていますから、日々のプレッシャーも相当なものと察します。

そんな状況に、皆さんは耐えられますか？

もし、皆さんが大事な商談の最中に、株価が暴落して一瞬で5000万円もの損失を抱えたりしたら、もう気になって、気になって、商談どころの騒ぎではないでしょう。家に帰ってからも、心は落ち着かないはずです。

「あの5000万円があったら、マンションが買えたのに、一瞬で消えてしまった！」という後悔の念に駆られ、いつまでもウジウジ悩むはずです。私も含めて、皆さん、ただの一小市民であることを、ゆめゆめ忘れてはなりません。

数千万円単位の損失を抱えても笑って生活できるような、普通では考えられないようなメンタルの強さを持っている人でなければ、株式やFX、暗号資産のトレードには手を出すべきではないのです。

この点、投資信託はプロのファンドマネジャーが、皆さんから預かったお金をきちんと管理して、リスクをコントロールしながら、世界の経済成長にお金を乗せて育てていくという運用を行います。デイトレーダーのように、超短期売買を繰り返すこともありません。長期的な企業の業績見通し、世界経済の成長見通しなど、誰もが納得できる根拠をベースにして、投資していきます。つまりギャンブルではない、きちんとした根拠に基づいた投資を行います。

改めて申し上げますが、投資信託の法規制は、この10年、15年で非常に厳格化されたため、かつてのように投資信託をゴミ箱のように利用することなど、絶対にできなくなりました。透明性も非常に高まっており、投資信託は個人が長期的な資産形成を行ううえで、非常に使い勝手の良いものになっています。

A1

堅実に資産形成をしようと思ったら、投資信託が一番適しています。まずは始めてみましょう。

Q2

お得な制度がいろいろあるようで、何を選べばいいのか分かりません。

長期の資産形成をサポートするための制度は、新ＮＩＳＡのつみたて投資枠以外に、成長投資枠、そしてｉＤｅＣｏという愛称で知られる個人型確定拠出年金、さらに勤めている会社によっては、企業型確定拠出年金などの制度もあります。

何をどう使い分ければいいのか、という点については、特にそれらいずれの制度も活用できるという人にとっては、迷うところだと思います。

優先順位として私は、新ＮＩＳＡのフル活用を計算して、生涯投資枠である１８００万円まで使い切るのが一番だと考えています。

というのも、ｉＤｅＣｏは手厚い税制メリットがある一方、制約もあるからです。たとえば、新ＮＩＳＡなら積み立てている期間中でも、使いたいと思えば希望する金額で解約することができます。さらに新制度では、解約した後でも翌年非課税枠を再利用することができるようになるので、資金が必要になった時にも臨機応変に使えるわけで、特に長期投資をスタートする人は、まず新ＮＩＳＡから始めましょう。

一方で、個人型確定拠出年金や、会社で加入する企業型確定拠出年金は、新ＮＩＳＡに比べて、確かに税制メリットは大きくなります。

しかし、ｉＤｅＣｏをはじめとする個人型確定拠出年金は、文字通り「年金制度」です。年金制度は、国民一人ひとりの老後の福利厚生を目的とした、非常に厳格な制度です。この制度に加入するということは、積立期間が終わるまで続けることが前提であって、途中で今まで積み立てた額を全部解約して、脱退することは原則認められないのです。さらに50歳以上でこれを始めた人は、60歳から一定期間経過後にしか受給できないなど、注意も必要です。

翻《ひるがえ》って長期にわたって積み立てていくのが、新ＮＩＳＡの大前提ではありますが、いざという時にも対応できるという自由度の高さは、やはり魅力です。ｉＤｅＣｏほど覚悟を決めなくても、運用収益に対する非課税メリットを享受できるのです。

もちろん、資金的に余裕があればｉＤｅＣｏもぜひ併用してください。

ですから、本当に資金的なゆとりがある方は、確定拠出年金と新ＮＩＳＡを満額で行いましょう。

たとえば自営業者が、ｉＤｅＣｏに加入する場合、毎月の積立額は最大6万８０００円です。これにつみたて投資枠で毎月10万円を積み立てれば、両方で月16万８０００円を、非課税口座で積み立てられます。もし、これから20年間、両方で満額を積み立てていくと、元本部分だけで4032万円になります。一方、同じ額を年平均5%で運用したら、20年後の元本+収益はいくらになるでしょうか。

なんと、約6905万円（非課税複利計算）です。基本的に自営業者は国民年金+国民年金基金しか公的年金が得られず、月々の年金額は非常に少ないのが現実です。

もっとも、自営業者には定年がないからという考え方もできますが、問題は、高齢者になってまで現役と同じペースで働くのは困難だということです。いくら自営業者でも、ある程度の年齢に達したら、引退を考えなければなりません。

その時、この積み立ては非常に強い味方になってくれるはずです。

60歳の段階で、手元に7000万円近いキャッシュがあったら、さらにそれを運用しつつ、資産を増やしていくことによって、安定した老後生活を描くことができるでしょう。

A2

まずは、どんな世代でも購入できて、始める、やめるのハードルが低い「新NISA」をおすすめします。次にiDeCoを検討してください。

Q3

証券会社、銀行、郵便局、どこで買えばいいのでしょうか？

新NISAで長期的な資産形成を行う場合は「どの金融機関で買えばいいのか」ではなく、「どの投資信託で積み立てればいいのか」をまず考えて、その投資信託を扱っている金融機関に口座を開くべきです。ご質問にあるように、どの金融機関に新NISA口座を作ればいいのかというのは、順番が逆なのです。

銀行でも証券会社でも同じなのですが、ともかく**窓口に行って、「新NISAを申し込みたいのですが、投資信託はどれを買ったらいいのでしょうか」と聞くのは、最もやってはいけないこと**です。そうすると、あなたにとっていいものではなく、販売担当者が「売りやすいもの」、たとえば購入時手数料や代行手数料（120〜124ページ）が高い投資信託や、国際分散投資型の投資信託ではなく、日経平均に連動するインデックスファンドのような、意図しない商品を買わされてしまうかもしれません。

新ＮＩＳＡは、まず自分が長期間、付き合うに足るだけの信頼感が持てる投資信託を見つけ出してから、それを購入できる金融機関がどこなのかを調べて、そこに新ＮＩＳＡ口座を開設するようにしましょう。

A3

買いたい投資信託を決めて、それを売っているところで購入。基本的にネットで購入したほうがセールスもなく、手数料も安いのでおすすめです。

Q4

今はお金がないので、もう少し余裕ができてから投資を始めてはダメですか？

「投資は余裕資金でやりましょう」

よくこのようなアドバイスをする方がいらっしゃいます。確かに投資はリスクのあるものですから、衣食住など生活に必要な資金を充ててしまうと、いざという時、どうしようもなくなって解約せざるを得なくなり、その時点で損失を発生させてしまうということもあります。

でも、「余裕資金ができたら投資しよう」という心構えでいると、いつまで経っても投資できないということにもなりかねません。このようにおっしゃる方は、多少、余裕資金ができたとしても、またほかの言い訳を見つけて、なかなか投資を始めないというケースが往々にしてあります。大事なことは、とにかく少額資金でもいいので、投資を始めてみることです。そのためには、新NISAのように毎月少額資金で積立投資できる方法が、理想的なのです。

おそらく、そんなに余裕しゃくしゃくで生活ができている人など、ほとんどいないでしょう。毎月のお給料から生活に必要なお金、保険の掛け金、各種ローンなどを払ったら、もうお給料がほとんどなくなるという方も少なくないと思います。それでも、何とかして将来、お金に困らないような対策を考える必要があるからこそ、投資をするわけです。

なので、毎月のお給料をもらったら、そこから生活に必要な経費を差し引いて、残ったお金で投資をするというような従来の発想を逆転させる必要があります。

つまり、毎月のお給料から、「これだけなら何とか続けることができる」という金額を弾《はじ》き出し、それをまず投資に回してしまうのです。要するに、言わば家賃と同じステイタスに積立投資の支出優先度を置いて欲しいのです。

それは無駄な保険を解約したり、行ってもいないスポーツクラブを退会したり、もしくは飲みに行くのを1回減らす、といったようなことで簡単に実現できるかもしれません。何よりも、新NISAで積立投資を始めてしまえば、毎月、決まった金額が自動引き落としで積み立てられていきますから、理想的な資産形成ができるはずなのです。

世界経済はまだまだ右肩上がりで成長していきます。ですからグローバルに投資するリーズナブルなコストの投資信託を買って、持ち続けていれば、途中は価格が下がることがあったとしても、世界経済が成長していれば、将来的に大きなリターンが見込めるのです。

A4

長期投資は元手がなくても始められます。まずは少額からでいいので、積立投資を始めてみましょう。増額、休止もできます。長期で積み立てを続けることで、将来大きなお金に育ちます。

Q5

新NISAは途中で換金や減額、違う投資信託への乗り換えなどは認められますか？

新NISAのメリットは、自由度の高さにあります。iDeCoとは違って、積立途中でも換金できますし、積立額は途中から増額も減額も可能です。独身時代は毎月10万円をフルに積み立て、結婚して子供ができてからは少し低めにするなど、自分のライフサイクルに合わせて、自由に金額設定が変更できるので、その点では非常に使いやすい制度です。

また、新NISAでは売却した後、その翌年に非課税枠がその分復活しますので、急に資金が必要になって解約したとしても、翌年から復活した非課税枠で改めて長期投資を再開できるわけです。あるいは、長期投資にふさわしいと選択して運用していた投資信託が、どうも想定と違ってきたとか、もっとふさわしい商品に出合った時などにも、ちゅうちょなく売却しやすくなります。一度使った非課税枠が売却した翌年には復活するということは、生涯非課税投資枠を無駄なく活用できるという点で大いに有効なしくみです。

さらには、違う投資信託に翌年買い替えるにあたって、次に投資する商品が別の金融機関でしか購入できない場合でも、従前のNISA制度では、NISA口座廃止届や新規開設届など複数の手続きが必要でしたが、新NISAでは開設口座の金融機関変更は早晩オンラインで可能になるようですので、そのあたりの利便性もかなり改善されるはずです。

A5

生涯非課税投資枠を超えない範囲で翌年以降、別な投資信託への乗り換えができるようになります。

Q6

投資信託の運用が止まった場合、どうなりますか？

もともと長期的な資産形成のための制度なので、金融庁も特につみたて投資枠で購入できる投資信託の条件を、かなり慎重に見極めていると思います。しかし、今後、繰上償還されて運用が止まるというケースは想定されます。

繰上償還とは、あらかじめ決められた償還期日前に、事情があって償還されてしまうことです。信託期間が無期限なのに償還されてしまうというケースも起こり得ます。

なぜ繰上償還されるのかというと、一番の要因は解約による資金流出が続くことです。また、そもそも設定来、販売が芳しくなく純資産総額がずっと小さいままのファンドなどの、受益権口数が目論見書で定められた一定口数を下回る場合です。

多くのファンドは、30億口を下回ると、繰上償還を検討し始めるようですが、いずれにしても、純資産総額の絶対規模が小さく、なかなか増えないようなファンドは、繰上償還のリスクが高いと思っていいでしょう。

繰上償還された場合、その時点で積み立ててきたファンドの資金は全額、返却されます。もちろん収益に対しては非課税ですが、そもそも長期で積み立てることを前提にしてきたのが、その時点で積み立て終了になるため、予定が大きく狂うことになります。その意味でも、なるべく持続性のある投資信託を選ぶべきでしょう。

その基準としては、純資産総額がある程度の規模を持っていることが前提になります。純資産総額で50億円以上は最低ライン。できれば100億円以上あったほうが安心です。

A6

繰上償還といって、解約されて現金になり戻ってきます。

Q7

本当にほったらかしでいいのでしょうか？

長く信頼できる投資信託に投資しているという前提において、それでいいでしょう。日々の価格が気になってこまめに確認すると、どうしても解約したくなるものです。

たとえば、自分が持っている投資信託の運用成績は、誰でも気になるところですが、それを毎日のようにチェックしていると、下がった時はハラハラするし、上がった時はウキウキ……、結局、下がっても上がっても解約したくなります。

実際、投資信託は基準価額がどんどん上昇すると、中途解約する人が増えてくるのです。これは、言うまでもなく利益を確定させようとするからです。

でも、これははっきり申し上げますが、小さな利益をいちいち確定させていたら、いつまで経っても資産を築くことはできません。大きくお金を育てるためにも細かく解約することは避けてください。

A7

投資信託や、その運用会社への信頼が変わらぬ限りは、ほったらかしにしてください。

Q8

もう50代なのですが、今から積立投資を始めてももう遅いですか？

大丈夫です。今すぐ始めてください。iDeCoの場合、加入期間が65歳までなので、50代で始めると、ほとんど残高が積み上がらないので、一部では「あまり意味がない」という声もあるのですが、それでもゼロよりはマシです。また、この先に拠出可能額が引き上げられる見通しもあり、もし余力があるなら、50代でもiDeCoを始めてください。

このように前置きをしながらも、やはりおすすめしたいのは新NISAのフル活用です。新NISAはiDeCoのように加入期間の制限がなく、残りの人生軸で長期投資を続けられます。たとえば今が2023年で50歳の方なら、2043年は70歳です。定年になってお金に余裕がないという人もいると思いますが、再就職でも何でもして毎月の給料を稼ぎながら、積立投資を続けてもらいたいと思います。

「健康寿命」という言葉をご存じですか。これは、「健康上の問題で日常生活が制限されることなく生活できる期間」と定義されているもので、2021年に厚生労働省が発表した数字によると、男性が72・68歳、女性が75・38歳でした。

つまり、ここまではなんとか健康に、病院に頼らなくても生活できるということです。ただ、それ以降は病気がちになり、病院に入院するケースや、場合によっては介護施設のお世話にならざるを得ない状況も想定しておく必要があります。本当にお金が必要になるのは、そこからでしょう。

できれば、健康寿命を全うするところまでは働きましょうということです。それと同時に積立投資を続けてください。そうすれば、健康寿命に達してそこから先、自分自身の寿命が尽きるまで、もう少し余裕ができる可能性が高まります。

ちなみに日本人の平均寿命は、２０２３年の数字だと、男性が81・０５歳、女性が87・０９歳ですから、健康寿命以降の時間は、男性が8・３７年、女性が11・７１年になります。最低でもこの間をカバーできるお金を作るという意味でも、50代だからといって資産形成するのに遅すぎることはないのです。

ちなみに金融広報中央委員会が２０２２年12月に公表した、２０２２年の「家計の金融行動に関する世論調査（二人以上世帯調査）」によると、50代で金融資産を保有していない世帯は、全体の24・４％を占めました。何と二人以上世帯の４人強に１人が無貯蓄なのです。でも、悲しむ必要はありません。70歳まで働きながら資産形成をするという覚悟を決めれば、50歳からでも20年間、資産形成をする時間があります。何事も諦めないことが肝心です。

A8

大丈夫です。すぐ始めてください。新NISAなら個人型確定拠出年金（iDeCo）と違って、何歳からでも始められます。

Q9

何十年も続ける自信がありません。「長期投資」とは何年くらいを指すのでしょうか？

長期投資をしましょう、という話をすると、よく返ってくる質問は、「長期投資って何年間、運用すればいいのですか？」というものです。

ある金融機関では、投資信託を購入しようとしている顧客に対して、「投資信託は長期投資が鉄則ですから、できれば3年から5年は保有してください」と説明しているそうです。

3年から5年の運用期間を長期投資と言ってしまうところに、投資信託を販売している金融機関の問題点があるように思えます。証券会社や銀行を通じて多くの投資信託が販売されていますが、その販売スタンスにこそ、今の投資信託業界が抱えている大きな問題点があるのです。

改めて、長期投資の定義について考えてみましょう。

私は、長期投資に期限はないと考えています。3年から5年程度の運用期間は、長期投資とは言えません。私が考える長期投資の定義からすれば、3年から5年程度では、中期投資にも含まれません。極端な言い方をすれば、短期投資に含まれると考えても良いでしょう。

では、私が思う長期投資というのは、どのくらいの期間を指すのか。それを、具体的に言うのであれば、「永久に運用すること」こそ、本当の長期投資だと思うのです。

スイスのプライベートバンクなどになると、それこそおじいさんの代からひ孫の代を超えて、何代にもわたって、その一族の財産管理を行うということが、ビジネスとして成り立っています。それに近いイメージを思い浮かべてください。

もし、あなたがこれから長期投資を志し、毎月数万円程度ずつ積み立てていったとします。その目的は、あなた自身の老後生活に使うお金を貯めるためかもしれません。

でも、だからといって、自分が会社を退職した時から、すっぱりと積立投資をやめたり、投資そのものから手を引いたりするのが正しい行動かというと、それは間違いです。定年を迎えてからも、もし資金的に余裕があるのであれば、積立投資を継続していけばいいいし、あるいは積立投資はやめたとしても、引き続き投資信託などを活用した運用は継続していくべきでしょう。

前述したように、これからの時代は公的年金の受給額が減らされたり、医療費の負担が増やされたり、あるいはインフレで生活レベルが低下したりするリスクが想定されるので、運用を継続しておいたほうが、こうしたリスクから大事な資産を守ることにつながる可能性があるからです。

そして、お金が必要になった時は、随時、ファンドの一部を解約することによって、現金を手にすればいいのです。投資信託は一部解約が可能なので、当面、必要な資金だけを解約し、残りはそのまま運用を継続させることができます。

その結果、財産を全額使い切らず、残して亡くなられる方も大勢いらっしゃると思います。でも、それはそれでいいのではないでしょうか。

投資信託は、解約することなくそのまま相続することが可能です。残った財産は、次の代に引き継いでもらえばいいのです。運用期間が無期限のものを選ぶのは、そのためでもあります。

前述したように、プライベートバンクに財産管理をしてもらっている富裕層の方などは、自分が残した財産を、子々孫々がきちっと引き継いでいけるように、さまざまな対策を講じています。

それと同じように、自分の代で使い切れなかったとしても、その財産は自分の子供や孫に引き継いでもらって、さらに長期投資を続けることで、どんどんお金持ちになってもらいましょう。

また、自分の子供や孫たちに、世の中のためになる、より良いお金の使い方をしてもらえるようにするためにも、自分がまだ健康なうちに、子供たちにお金の使い方をきちっと伝授する必要があります。

あるいは、資産を子孫に残すのではなく、社会に寄付するという方法もあるでしょう。自分が生きている間はずっと運用を継続し、自分が他界する時には、その運用で増やした資産の多くを広く社会に還元するために寄付するというのは、なかなか格好のいいお金の使い方だと思います。

長期投資というのは、そういう格好のいいお金の使い方をするためのきっかけになります。投資を始める前から運用期間を決めてしまうようでは、長期投資とは言えません。新ＮＩＳＡで非課税期間が無制限になるということは、長期投資はエンドレスという新常識にこれから変わるということなのです。

A９

本当の長期投資に「ゴール」はありません。生涯の時間軸で続けてください。

Q10

新ＮＩＳＡはつみたて投資枠と成長投資枠の２つがあるようですが、積立投資だけで１８００万円全額を保有することもできるのですか？

できます。ただし、成長投資枠の非課税保有限度額は１２００万円までなので、成長投資枠でしか投資できない投資信託で積立投資をする場合は、１２００万円が上限になります（新ＮＩＳＡは成長投資枠であっても、積み立てを投資行動の前提と考えてください）。

したがって、成長投資枠で積立投資しながら、１８００万円の非課税保有限度額を満たすためには、同時につみたて投資枠を活用して、差額の６００万円分を埋める必要があります。幸いなことに、新ＮＩＳＡでは成長投資枠とつみたて投資枠の併用が認められているので、両方を駆使して運用資産を積み上げることが可能です。

ただし注意しなければならないのは、成長投資枠とつみたて投資枠では、購入できる商品が違うということです。

たとえば投資信託の場合、成長投資枠で購入できる本数は２０００本ですが、つみたて投資枠で購入できるのは２４６本です。両方の枠で重複している投資信託もあり、それであれば、１８００万円の非課税保有限度額いっぱいまで、同一ファンドで積立投資できますが、成長投資枠のみに登録されている投資信託や、あるいは現物株式を購入した場合には、１２００万円の成長投資枠以外に、別の投資信託でつみたて投資枠の６００万円を満たす形になります。

A10

新NISAでは成長投資枠とつみたて投資枠の併用が認められているので、両方を駆使して運用資産を積み上げることが可能です。

Q11

つみたてNISA口座を持っている人は、同じ証券会社で継続する場合には、2024年からは自動的に新NISA口座に移管されるようですが、その場合、月々の投資金額も自動的に継続となるのでしょうか？

新NISAのつみたて投資枠は、現行のつみたてNISAを引き継ぐものではありますが、基本的には別制度です。現行のつみたてNISAの枠で投資できる分は、2023年12月分で終了します。それまで、つみたてNISAの枠で積み立ててきた分については、非課税保有期間である20年を満たすまで運用し続けることはできますが、それ以上、つみたてNISAの運用額を増やすことはできません。

その代わり、新NISAのつみたて投資枠に自動的に引き継がれ、積み立てていくことになるわけですが、新しい制度なので、月々の積立額なども再度設定し直すことができます。つみたて投資枠の年間投資枠は120万円なので、これを1カ月に直すと10万円ずつ積み立てられることになります。

もちろん、つみたてNISAで行ってきた毎月3万3000円の積立金額で良いのであれば、自動開設された新NISA口座で、そのまま継続していけば良いでしょう。

A 11

新しい制度なので、月々の積立額なども再度設定し直すことができます。

Q 12

すでにつみたてNISAをやっている人が、2024年から月々の投資金額を変更したい場合には、どうすればいいのでしょうか？

前述したように、新NISAのつみたて投資枠は、現行のつみたてNISAとは別制度になるので、改めて積立金額などを設定し直すことができます。

詳しい事務手続きに関しては、ご自身が口座を開設した金融機関で聞いてみてください。

A 12

新NISAのつみたて投資枠は、現行のつみたてNISAとは別制度になるので、改めて積立金額などを設定し直すことができます。

Q 13

新NISAの非課税投資枠は1800万円（年間360万円）ですが、もしお金に余裕のある場合には、毎月30万円×12カ月×5年＝1800万円というやり方で、最速で非課税保有限度額を満たすのがベストでしょうか？

ご自身の年齢と保有資産によるでしょう。たとえば、50代になるまで預貯金ひと筋で数千万円の金融資産がある方、長期投資はやるべきだと知りつつも、ズルズルと「預金」だけから脱せずに今に至ってしまい、もう遅きに失したかと思っている方が、この国には大勢いらっしゃるはずです。こうした皆さんが起死回生のキャッチアップを実現できることが、このご質問に対する新ＮＩＳＡ制度の特長のひとつを活用した解になります。

景気や株価にはサイクルがあって、景気が良い時もあれば悪い時もあります。それにそって、株価にも上昇局面や下降局面があります。このように景気や株価がサイクルを描く中で、株価が下降局面にある時は買付口数を増やし、株価が上昇局面にある時は買付口数を抑えることによって、平均の買付単価を下げるのが、積立投資のメリットでもあります。

そして、非課税保有限度額である１８００万円に到達するまで、このサイクルの回数が多ければ多いほど、積立投資による効果が高まるものと考えられますので、できることなら時間をかけて積み立て、非課税保有限度額である１８００万円を満たすのが、一番賢い積立投資の方法であると考えます。

しかしながら、預貯金に十分な余力がある方ならば、年間の非課税投資限度額をフル活用して毎月30万円の大型積立投資を5年間続けることで、5年後には1800万円の生涯投資枠満額の投資を完了させることができるわけで、そこからはどっしりと生涯の時間軸で投資を継続していけば、立派に長期投資の果実を育てられるのです。このしくみはまさに、キャッチアップ機能を備えているので有効活用してください。繰り返しになりますが、この場合も積立投資で行うことが何より肝要です。

A13

預貯金に余力がある方ならば、大型積立投資の実践で、非課税保有限度額である1800万円を満たすのが、一番賢いキャッチアップ機能の活用方法であると考えます。

エピローグ

選ぶ基準が分からないのに、選択肢が多いのは迷ってしまうだけ

ふつう、消費者の立場からすれば、選択肢が多いのは選択の自由度が高まるので喜ばしいことのはず。ところが、選択肢が多すぎると選べなくなり、むしろ消費意欲が後退するという意見もあり、それはデータでも実証されています。

現在、国内で設定・運用されている投資信託のうち、NISAの対象となる株式投資信託は約6000本もあります。さらに個別銘柄、ETF、J－REITまでもがNISAの対象ですから、選択肢はおそろしく数多くなります。

NISAの人気になかなか火が点かなかった理由のひとつは、選択肢があまりにも多かったこともあったのではないかと思います。

それに対して、つみたてNISAの対象範囲はぐんと狭くなりました。現物株式やJ－REITは対象から外され、金融庁が認めた株式投資信託とETF

のごく一部に対象が限定された結果、その本数は246本になりました（2023年7月31日現在）。このＮＩＳＡとつみたてＮＩＳＡを、それぞれ成長投資枠とつみたて投資枠として引き継ぐ形で一本化し、グレードアップしたのが新ＮＩＳＡです。

一般生活者の誰もが将来に向けた資産形成を行うには、個別株式の銘柄選択を各個人に委ねていては実現困難であり、株式を投資対象とした投資信託が万人にとって最適であるとの金融庁の判断から、長期資産形成に資する投資信託のみに敢えて絞り込んでラインナップしたという政策意図が新ＮＩＳＡには反映されています。

しかし、新ＮＩＳＡをきっかけに、初めて資産形成に取り組もうと考えている人たちにすれば、その中から、長期的な資産形成に適した投資信託を選ぶことさえ、非常に難しいことだと思います。なぜなら、「どのような投資信託が長期の資産形成に適しているのか」という選択基準が分からないからです。

そこで本書では、新ＮＩＳＡを活用して長期の資産形成を行うのに適した投資信託の選択基準を示し、その選択基準に沿って、つみたて投資枠の対象ファンドをさらに9本に絞り込みました。ただし、これはあくまで結果論で、決してこれらを特定推奨しているわけではないことを、ご理解ください。読者の皆さんには何より長期資産形成に最適なアプローチ基準と商品選択に至る考え方を知っていただきたいのであって、そちらにこそフォーカスしてください。

騰落率ではなく、インベスターリターンにこそ注目すべき

また最後に、今後、投資信託を選ぶうえで大切な指標になると思われる「インベスターリターン」について、改めてお話しさせてください。

第4章でも少し触れましたが、この指標は、それぞれの投資信託に参加したインベスター（投資家）が、実際の投資行動の結果得た総体的な平均リターンを指しています。

たとえば基準価額が高いところで購入し、基準価額が安くなったところで解約してしまった投資家が大勢いる投資信託は、インベスターリターンが低下します。

逆に、基準価額が安い水準でしっかり購入することができた投資家が大勢いて、さらに絶えず資金が流入状態にある投資信託ほど、インベスターリターンが向上します。

つまり、インベスターリターンが相対的に高い投資信託は、適切な投資行動をしている保有者が多いという証《あかし》でもあります。この数字を同じ期間の当該投資信託の騰落

率と比べた時、インベスターリターンが騰落率を上回っているのが理想です。

私は日頃、投信運用会社の経営者として業界全体の投資信託の資金の出入りを常にウォッチしています。すると、それには特定のパターンがあることに気づきます。

どういうことかというと、マーケットが非常に好調で、株価が全体的にどんどん値上がりしている局面では、新しい買付資金がどんどん集まってきますが、株価が低調な時は、パタッと資金の流入が止まってしまうのです。

このパターンは、まさにダメな投資行動の典型です。

相場が上昇しているのを確認してから高値で買い向かい、相場の下落基調に耐えられなくなって安値で売却してしまっているわけです。

本当にリターンをしっかり得る投資家は、株価が低調で、投資信託の運用成績が悪化した時にこそたくさんの口数を買い、逆に株価が好調で、投資信託の運用成績が良くなった時には、買い付ける口数を抑えます。

そうすれば、買い付けている全体の口数に占める、高値掴みの割合が相対的に減るだけでなく、マーケットが底を打って上昇し始めた時、安値でたっぷり仕込んだ部分が早い段階で利益を生むため、その前段階の下げ局面で損失が生じていたとしても、早いうちに損失をカバーできるようになるのです。

　まさに、こうしてインベスターリターンは向上していくわけです。

毎月積立投資こそが長期資産形成に最適な投資行動

　実は、毎月積立投資はそうした賢い投資行動を自然に実践させてくれる優れものの投資手法なのです。私が前職のセゾン投信創業時からずっと積立投資を強く推奨して、これまで多くの積立投資家を誘《いざな》ってきたのは、それが長期資産形成に最適な投資行動であると確信的に考えてきたからです。

　それともうひとつ言えるのは、投資信託の運用成績はファンドマネジャーをはじめとする、投信運用会社の運用ノウハウだけで決まるのではないということです。

　インベスターリターンに見られるように、投資信託を保有している一人ひとりの投資家が同じ船に乗っているという意識を強く持ち、マーケットが上がろうと下がろうと保有し続ける、大きく下げた時に資金的な余裕があったら追加購入するということを淡々と実行していけば、投資信託の運用成績は改善しやすくなります。

つまり皆さんが、同じ船に乗って力を合わせて航海しているという意識を強く持つことが、投資信託の運用成績を下支えするのです。

相場が安い時こそ積立投資は継続すべき

2019年にはいわゆる「老後2000万円問題」が世間で話題となり、長期資産形成の重要性が広く認識されるようになりましたが、2020年春先から新型コロナウイルスの世界的パンデミックが起き、経済活動が滞っていたことで、金融市場も反応して世界中の株価はリーマン・ショック以来の大幅な下落に見舞われました。

そうした状況下で、これまで続けてきた積立投資を怖くなってやめてしまう残念な方々が現れていた一方で、大いに安くなった相場環境は絶好のタイミングと、「つみたてNISA」や「iDeCo」で長期積立投資へ行動を起こし始めた現役世代がどんどん増えています。もちろん相場が安い時こそ積立投資は継続すべきです。

私は前職のセゾン投信創業以来セミナーや講演で、長期投資の大切さや、資産を増やすために必要なこと、とりわけ正しい投資行動の重要性をお伝えしてきたつもりです。

そうした小さな積み重ねによって、これまでは同社の大半の参加者が積立投資を選択し継続してくださった結果、それが個人の投資家それぞれの投資行動に表れ、同社の既存の投資信託がいずれもそれ自体の運用成果を大きく上回る、高いインベスターリターンに直結したと自負しています。

基本的に、インベスターリターンがトータルリターン（平均年率リターン）を上回っている投資信託は、その保有者が、「長期・積立・分散投資」という、投資家として正しい行動をとっていることになるため、安心して保有し続けられる投資信託、と考えていいでしょう。そのような投資信託がもっと増えることを願ってやみませんし、私がこの度立ち上げた「なかのアセットマネジメント」でも、当然のことながら大勢の積立投資家で支えられる圧倒的に高品質な本格的長期投資ファンドを体現させて、生活者が主役となる「日本の資産運用立国化」にとことん貢献する存在となるべく尽力する所存です。

そして、本書を読んでくださった皆さんの資産形成に役立てば、筆者としてこれに勝る喜びはありません。最後に本書の編集に尽力くださった友人でフリージャーナリストの鈴木雅光さん、編集を担当くださったダイヤモンド社の高野倉俊勝さん、そして小生の執筆を手伝ってくれたなかのアセットマネジメントのメンバーに心より感謝申し上げます。

中野晴啓

ご留意事項

・本書の投資信託のスクリーニングに関しては2023年2月末時点の結果であり、イボットソン・アソシエイツ・ジャパン株式会社よりデータ提供いただきました。

・本書で紹介する7本のファンドに関するデータについては、ウエルスアドバイザー株式会社より転載・引用させていただきました。

・本書のグラフ・数値等は、過去の実績・状況であり、将来の市場環境や運用成果等を示唆・保証するものではありません。

・本書の中で記載されている内容・数値・図表等は特に記載のない限り、作成時のものであり、今後変更されることがあります。

・本書は情報提供のみを目的として作成されたものであり、特定の取引・商品の勧誘を目的にしたものではありません。また、信頼できると判断した情報等に基づき作成しておりますが、その正確性・完全性を保証するものではありません。

・投資信託は値動きのある有価証券等に投資しますので基準価額は変動します。その結果、購入時の価額を下回ることもあります。また、投資信託は銘柄ごとに設定された信託報酬等の費用がかかります。各投資信託のリスク・費用についてはその投資信託の運用会社や販売会社などに直接お問い合わせください。

・本書は、売買の推奨、および投資助言を意図したものではありません。また、本書に掲げた情報を利用されたことによって生じたいかなる損害につきましても、著者および出版社はその責任を負いかねます。投資対象および商品の選択など、投資に関わる最終決定は、くれぐれもご自身の判断で行っていただきますよう、お願い申し上げます。

・本書に記載の内容は、著者個人の見解であり、所属する組織の見解ではありません。

・積立による購入は将来における収益の保証や、基準価額下落時における損失を防止するものではありません。また、値動きによっては、積立よりも一括による購入の方が結果的に有利になる場合もあります。

［著者］
中野　晴啓（なかの・はるひろ）
なかのアセットマネジメント株式会社　代表取締役社長

1987年明治大学商学部卒業。セゾングループの金融子会社にて債券ポートフォリオを中心に資金運用業務に従事した後、2006年セゾン投信株式会社を設立。2007年4月代表取締役社長、2020年6月代表取締役会長CEOに就任、2023年6月に退任。

2023年9月1日なかのアセットマネジメントを設立。
全国各地で講演やセミナーを行い、社会を元気にする活動とともに、積み立てによる資産形成を広く説き「つみたて王子」と呼ばれる。公益社団法人経済同友会幹事他、投資信託協会副会長、金融審議会市場ワーキング・グループ委員等を歴任。
著書に『最新版　つみたてNISAはこの9本から選びなさい』（ダイヤモンド社）他多数。

新NISAはこの9本から選びなさい

2023年11月28日　第1刷発行
2024年 1 月31日　第3刷発行

著　者——中野　晴啓
発行所——ダイヤモンド社
〒150-8409　東京都渋谷区神宮前6-12-17
https://www.diamond.co.jp/
電話／03·5778·7233（編集）　03·5778·7240（販売）

装丁————萩原弦一郎(256)
本文デザイン&DTP—荒井雅美(トモエキコウ)
イラスト——坂木浩子(ぽるか)
編集協力——鈴木雅光
校正————鷗来堂、聚珍社
製作進行——ダイヤモンド・グラフィック社
印刷————勇進印刷
製本————ブックアート
編集担当——高野倉俊勝

ISBN 978-4-478-11931-0

	2018年	2019年	2020年	2021年	2022年	通期（年率）
	世界債券	米国株式	中国株式	世界REIT	ブラジル株式	米国株式
	-4%	29%	23%	46%	24%	9%
	ブラジル株式	世界株式	米国株式	米国株式	日本株式	世界株式
	-5%	26%	14%	39%	-4%	7%
	新興国債券	ブラジル株式	新興国株式	世界株式	新興国債券	中国株式
	-8%	25%	11%	32%	-5%	6%
	米国株式	世界REIT	世界株式	日本株式	世界株式	新興国株式
	-8%	24%	11%	12%	-6%	5%
	世界REIT	中国株式	日本株式	新興国株式	新興国株式	世界REIT
	-8%	19%	7%	10%	-7%	5%
株式	世界株式	日本株式	世界債券	新興国債券	世界債券	新興国債券
%	-12%	17%	3%	7%	-8%	4%
REIT	日本株式	新興国株式	新興国債券	世界債券	米国株式	ブラジル株式
%	-16%	16%	0%	2%	-9%	3%
国	新興国株式	新興国債券	世界REIT	ブラジル株式	中国株式	日本株式
	-16%	12%	-12%	-10%	-11%	2%
券	中国株式	世界債券	ブラジル株式	中国株式	世界REIT	世界債券
	-19%	3%	-24%	-14%	-15%	1%

ル株式:2.0% 、中国株式:1.9% 、世界株式:0.1% 、新興国株式:1.2% 、世界債券:1.0%、新興国債券:1.4% 、世界REIT :1.4%

お金は複利で増やす！　積み立て投資でいくら

つみたて投資枠で、毎月10万円ずつを積み立てした場合

毎月積立コース					
期間（年）		2年	4年	6年	
利回り	0%	2,400,000	4,800,000	7,200,000	
	4%	2,494,289	5,195,960	8,122,256	
	5%	2,518,592	5,301,489	8,376,426	
	6%	2,543,196	5,409,783	8,640,886	
	7%	2,568,103	5,520,924	8,916,094	
	8%	2,593,319	5,634,992	9,202,533	

毎月3万円ずつを積み立てした場合

毎月積立コース					
期間（年）		5年	10年	15年	20
利回り	0%	1,800,000	3,600,000	5,400,000	7,2
	4%	1,988,969	4,417,494	7,382,715	11,
	5%	2,040,182	4,658,468	8,018,668	1
	6%	2,093,101	4,916,380	8,724,561	
	7%	2,147,787	5,192,544	9,508,869	
	8%	2,204,306	5,488,381	10,381,147	

になる？

8年	10年	12年	14年	16年
9,600,000	12,000,000	14,400,000	16,800,000	19,200,0
11,291,854	14,724,980	18,443,548	22,471,288	26,833,9
11,774,051	15,528,228	19,676,373	24,259,830	29,324,2
12,282,854	16,387,935	21,015,016	26,230,477	32,109,1
12,819,882	17,308,481	22,469,498	28,403,668	35,226,8
13,386,858	18,294,604	24,050,839	30,802,257	38,720,9

※非課税保有限度額1800万円　※年複利、計算

年	25年	30年	35年	40年
00,000	9,000,000	10,800,000	12,600,000	14,400,0
003,239	15,423,886	20,821,482	27,411,928	35,458,8
2,331,010	17,865,291	24,967,759	34,082,773	45,780,6
13,861,227	20,789,819	30,135,451	42,741,309	59,744,7
15,627,800	24,302,151	36,599,130	54,031,638	78,744,4
17,670,612	28,530,792	44,710,783	68,816,475	104,730,2

っても通期でほぼプラス運用に！

2011年	2012年	2013年	2014年	2015年	2016年	2017年
新興国債券	世界REIT	米国株式	世界REIT	日本株式	ブラジル株式	中国株式
2%	38%	60%	39%	10%	58%	37%
世界債券	中国株式	日本株式	米国株式	米国株式	米国株式	新興国株式
0%	36%	53%	27%	0%	8%	30%
世界REIT	新興国株式	世界株式	新興国債券	世界REIT	新興国株式	世界株式
-5%	33%	51%	21%	0%	7%	20%
米国株式	世界株式	中国株式	中国株式	新興国債券	世界株式	日本株式
-5%	32%	26%	19%	-1%	5%	20%
世界株式	新興国債券	世界REIT	世界株式	世界株式	新興国債券	ブラジル株式
-12%	30%	23%	19%	-1%	4%	19%
日本株式	米国株式	新興国株式	世界債券	世界債券	世界REIT	米国
-18%	29%	18%	12%	-4%	2%	16
新興国株式	日本株式	世界債券	新興国株式	中国株式	日本株式	世界R
-24%	20%	15%	12%	-8%	0%	5%
中国株式	世界債券	新興国債券	日本株式	新興国株式	世界債券	新興債券
-25%	13%	12%	10%	-14%	-2%	4%
ブラジル株式	ブラジル株式	ブラジル株式	ブラジル株式	ブラジル株式	中国株式	世界債券
-26%	13%	-1%	-5%	-42%	-3%	2%

投信の信託報酬の純資産総額加重平均値）を、全期間に対して控除しています。運用コスト（年率）：日本株式:0.9%、米国株式:1.0%、ブラジ

直近17年間のリターンは、リーマン・ショックがあ

投資対象別・年次リターンの推移（2006年～2022年）

順位	2006年	2007年	2008年	2009年	2010年
第1位	中国株式 83%	ブラジル株式 63%	世界債券 -11%	ブラジル株式 131%	世界REIT 6%
第2位	ブラジル株式 45%	中国株式 53%	新興国債券 -26%	新興国株式 87%	新興国株式 5%
第3位	世界REIT 40%	新興国株式 29%	日本株式 -42%	中国株式 68%	米国株式 1%
第4位	新興国株式 36%	世界株式 5%	米国株式 -49%	世界株式 41%	日本株式 0%
第5位	世界株式 23%	世界債券 3%	世界株式 -53%	世界REIT 35%	世界株式 0%
第6位	米国株式 15%	米国株式 -2%	世界REIT -54%	米国株式 30%	新興国債券 -4%
第7位	新興国債券 9%	新興国債券 -2%	中国株式 -61%	新興国債券 25%	ブラジル株式 -7%
第8位	世界債券 6%	日本株式 -12%	新興国株式 -63%	日本株式 8%	中国株式 -8%
第9位	日本株式 3%	世界REIT -20%	ブラジル株式 -64%	世界債券 4%	世界債券 -9%

※運用コストとして2022年12月末時点のイボットソン・アソシエイツ・ジャパンの分類に基づく各資産の平均信託報酬率（日本籍公
※税金及び取引コストは考慮していません。利息・配当等は再投資したものとして計算しています。
※過去のパフォーマンスは将来のリターンを保証するものではありません。

	18年	20年
00	21,600,000	24,000,000
06	31,559,245	36,677,463
31	34,920,202	41,103,367
34	38,735,319	46,204,090
11	43,072,103	52,092,666
15	48,008,613	58,902,042

結果は小数点以下を四捨五入、手数料、税金等は考慮していません

	45年	50年	55年	60年
00	16,200,000	18,000,000	19,800,000	21,600,000
40	45,284,092	57,280,692	71,928,499	89,813,422
05	60,793,119	80,059,559	104,785,312	136,517,323
22	82,679,778	113,615,733	155,343,699	211,628,473
02	113,777,840	163,442,127	233,847,475	333,655,875
35	158,236,197	237,951,824	356,715,810	533,655,824

※非課税保有限度額1800万円　※年複利、計算結果は小数点以下を四捨五入、手数料、税金等は考慮していません